3차원 구문

영어문장을 번역하는
다양한 시각

최승규 · 김정수

박영사

우리나라의 교육 현실은 영어에 대한 노출이 적을 수밖에 없고, 영어 학습의 대부분이 학습자들이 모국어를 기반으로 학습할 수밖에 없는 시기에 집중된다. 또한 번역계와 교육계에서 동시에 영어를 접하는 입장에서 보았을 때, 번역가들이 많이 사용하고 있지만 교육계에서는 아직 생소한 기법들이 상당히 많다는 사실을 알게 되었다. 따라서 한 문장에 대한 다양한 번역기법을 익히는 것이 영어학습자들의 영어에 대한 숙달도를 빠르게 극대화 시켜줄 수 있다는 확신을 갖게 되었다.

이 책을 집필하며

첫째, 다양한 번역 기술들이 있지만 그 중에서 영문법에 대한 통찰과 교과과정을 기반으로 일관성 있게 학습자가 따라할 수 있는 주요 구문에 대한 해석방법론을 담았다.

둘째, 실전상황에서는 필자가 제시한 방법 중 하나가 가장 적절한 경우도 더러 있겠으나, 다양한 번역방법이 모두 적용되는 문장만을 선별하여 학습자가 다각도에서 문장을 바라볼 수 있도록 유도하였다.

셋째, 학습자의 편의를 위해 다소 투박하지만 'word-for-word'(영어단어와 우리말의 일대일 대응) 전략으로 문장을 번역하려 애썼다.

영어에 대한 학습이 어느 정도 되어있는 학생들이 저자의 의도를 헤아려가며 책을 정복해 나간다면, 문장에 대한 의미파악이 빨라지고, 수능을 비롯한 각종 영어시험에서 고득점을 얻을 수 있을 것이다.

끝으로 묵묵히 아들의 꿈을 응원해 주는 아버지, 어머니, 그리고 두 동생들과 비판적 시각으로 원고를 검토해주시고 보완해주신 공동저자 김정수 선생님, 이 책이 세상에 나올 수 있도록 힘써주신 박영사 이영조 팀장님을 비롯한 임직원분들에게 진심으로 감사의 말씀을 전한다.

저자대표
최승규

Contents

UNIT 00 형용사절을 보는 유연한 사고 ·· 5

❶ 관계사의 제한적 용법과 비제한적 용법 ···················· 5

❷ 다각도 번역의 필요성과 당위성 ····························· 6

UNIT 01 주격관계대명사절의 다각도 번역 ································ 7

UNIT 02 목적격관계대명사절의 다각도 번역 ··························· 39

UNIT 03 소유격관계대명사절의 다각도 번역 ··························· 69

UNIT 04 전치사 수반 관계대명사절의 다각도 번역 ················ 87

UNIT 05 관계부사절의 다각도 번역(when) ··························· 107

UNIT 06 관계부사절의 다각도 번역(where) ··························· 121

UNIT 07 현재분사구의 다각도 번역 ···································· 141

UNIT 08 과거분사구의 다각도 번역 ···································· 151

UNIT 09 so/such ~~~ that 구문에 대한 다각도 번역 ············· 165

UNIT 10 "형용사, 부사 enough to-v" 구문과 "So ~ that"구문의 등가적 성격 ·········· 183

UNIT 11 분사구문의 일관된 번역 ······································· 195

UNIT 12 뒤따라오는 분사구문의 순차번역 ··························· 223

1. 관계사의 제한적 용법과 비제한적 용법

관계사는 앞에 콤마가 있는 경우와 그렇지 않는 경우로 나뉜다. 관계사 앞에 콤마가 없으면 관계사의 제한적 용법이라고 부르며, 앞에 나온 명사의 범위를 좁혀준다(=한정적). 관계사 앞에 콤마가 있으면 관계사의 비제한적 용법(=기존의 계속적용법)이라고 하며, 앞에 나온 정보를 보충설명해 주는 기능을 한다.

Have you ever been to Changdong **which** is in Seoul?
서울에 있는 창동에 가본 적 있니?

⇨ 우리나라에 창동은 경기도, 경상북도, 경상남도, 서울에 있다. 관계사를 제한적 용법으로 사용하면, 네 군데의 창동 중, 서울에 있는 창동으로 범위를 좁혀주는 것이다.

Have you ever been to Beijing, **which** is the capital of China?
중국의 수도 북경에 가본 적 있니?

⇨ 중국의 수도는 북경 하나뿐이기에 범위를 좁혀줄 필요가 없다. 따라서 비제한적 용법을 사용하여 북경이라는 정보[1]를 보충 설명해주면 족하다.

문법적으로 보았을 때, 제한적 용법은 '사람이나 사물에 대한 필수적 정보'를 나타내며 (essential information about someone or something) '비제한적 용법은 사람이나 사물에 대한 부가적인 정보'(extra information about the person or thing)를 나타낸다고 볼 수 있다.(Cambridge Dictionary) 다시 말해서, 글에서 차지하는 '무게감'이 다르다고 볼 수는 있겠으나 그것이 '번역방식의 차이'를 나타내는 것은 아니다.

---

1) '비제한적 용법'='계속적 용법'은 앞에 명사를 수식해줄 뿐만 아니라, 구, 절, 문장도 수식해 줄 수 있으므로 '정보'라고 하였다. 또한 비제한적 용법을 사용한 관계사절이 명사를 수식하지 않을 경우 형용사절이 아닌, 부사절이라고 보는 것이 일반적이다.

2. 다각도 번역의 필요성과 당위성

관계사는 '접속사 + 대명사 / 부사' 이고 앞의 명사를 수식하는 형용사절을 만든다고 정의할 수 있다. 따라서 관계사절의 경우 '선행사(수식받는 명사) + 관계사절'의 패턴을 '~ 하는 선행사'라고 번역하는 것이 일반적이다.

관계사가 처음 등장하는 중학교 교과 과정에서는 아래와 같이 두 문장을 관계사절로 통합하고 다시 두 문장으로 나누는 것으로 그 원리를 설명한다.

A. I have two books **and they** have many beautiful pictures. (접속사+대명사)
　나는 두 권의 책을 가지고 있는데 그 책은 많은 아름다운 사진을 담고 있다.

B. I have two book **which** have many beautiful pictures. (형용사적)
　나는 **많은 아름다운 사진을 담고 있는** 두 권의 책이 있다.

* and의 의미는 '그리고', '그래서', '하면서', '그런데', ' 때문에', '(만약)~하면' 심지어는 '그러나'의 의미까지 있으므로 문맥에 따라 유연하게 번역하는 것이 중요하다.

A와 B 두 문장은 '등가(equivalence=동등한 가치)'를 이룬다고 볼 수 있다. 따라서 같은 의미를 가지는 두 문장을 형용사절이라는 이유로 항상 '~하는 선행사'라는 통상적인 방법에 끼워 맞춰 번역할 필요는 없다.

오히려 관계사의 정의가 '접속사 + 대명사 / 부사'라는 점을 활용하여 서술적으로 번역하는 것이 전달력의 측면에서 더 쉽게 이해할 수 있다.

영어와 우리말의 구조적 차이를 보았을 때, 영어는 정보를 명사에 묶어주는 '명사+형용사'의 구조가 많지만, 우리말은 '서술어'로 정보를 전달하는 경향이 짙다. '잘생기고, 똑똑하고, 재치 있는 그 소년'이 영어식 서술방식이라면, '그 소년은 잘생기고, 똑똑하고, 재치 있다'는 우리말의 서술방식이라고 할 수 있다. 한국인 독자로서 후자가 좀 더 쉽게 의미가 와 닿지 않는가? 우리는 좀 더 유연하게 다양한 각도에서 영어문장을 정복할 필요가 있다.

주격관계대명사절은 형용사절이다. 따라서 '선행사 + who/which/that + 동사'의 패턴에서 '동사**하는** 선행사'로 번역이 가능하다. 하지만, 주격관계대명사는 '접속사+주격대명사'이기도 하다. 따라서 **'그런데, 그리고, 만약~ 선행사는(가)~ 하다(면)'**으로도 번역할 수 있다. 주격관계대명사절은 관계사절 중에 가장 많이 사용되므로 다양한 번역방식을 습득하여 문장의 의미를 빠르게 파악하는 훈련을 해야 한다.

I read a book (that explains the differences between clauses and phrases.)
나는 절과 구의 차이점을 설명해주는 책 한권을 읽었다. <형용사적 성질을 활용한 번역>

I read a book that(=and it) explains the differences between clauses and phrases.
나는 책 한권을 읽었다. 그런데 그 책은 절과 구의 차이점을 설명해준다.
=나는 책 한권을 읽었는데 그 책은 절과 구의 차이점을 설명해준다.
<접속사+주격 대명사의 성질을 활용한 번역>

Let's Drill!
다음 문장을 다양한 방식으로 번역하시오.

01 One day a week, John holds a three-hour meeting that starts at 9:00 A.M.

어휘 hold 개최하다, 열다

02 An inspirational leader cultivates positive employees who accept the tough challenges.

어휘 inspirational 영감을 주는 / cultivate 양성하다, 발전시키다 / tough 힘든, 어려운

03 Debate is an ideal setting to develop coping strategies that allow people to manage their speech anxiety.

어휘 debate 토론 논쟁 논의 / ideal 이상적인, 더할 나위 없는 / cope 잘 대처하다 / manage 잘 해내다, 어떻게든 ~하다 / anxiety 불안, 걱정, 염려

Let's Copy!

번역문과 원문을 비교해가며 저자의 번역의도를 파악하시오.

1-A One day a week, John holds a three-hour meeting **that starts at 9:00 A.M.**

> **번역1** 일주일에 하루, 존은 **오전 9시에 시작하는** 세 시간짜리 회의를 한다. <형용사적>

1-B One day a week, John holds a three-hour meeting **that(=and it) starts at 9:00 A.M.**

> **번역2** 주당 일회, 존은 세 시간짜리 회의를 **하는데 (항상) 9시에 시작한다.** <접속사+주격대명사>

> * 현재시제는 '지속성', '일관성'의 느낌을 가지고 있기에 '항상', '늘'을 넣어서 번역할 수 있다.

2-A An inspirational leader cultivates positive employees **who accept the tough challenges.**

> **번역1** 영감을 주는 지도자는 **어려운 도전을 수용하는** 긍정적인 직원들을 양성한다. <형용사적>

2-B An inspirational leader cultivates positive employees **who(=and they) accept the tough challenges.**

> **번역2** 영감을 주는 지도자는 긍정적인 직원들을 양성하는데, **그들은 힘든 도전에도 응한다.** <접속사+주격대명사>

3-A Debate is an ideal setting to develop coping strategies **that allow people to manage their speech anxiety.**

> **번역1** 토론은 사람들이 (그들의) 발표불안을 이겨낼 수 있게 해주는 대응전략을 마련하는 데 이상적인 환경이다. <형용사적>

3-B Debate is an ideal setting to develop coping strategies **that(=and they) allow people to manage their speech anxiety.**

> **번역2** 토론은 사람들이 대응책을 마련하는 데 더할 나위 없이 좋은 환경인데, 그 대응책은 사람들이 그들의 발표불안을 이겨낼 수 있게 해준다. <접속사+주격대명사>

Let's Drill!

다음 문장을 다양한 방식으로 번역하시오.

04 We cover a wide range of news events and provide unique analysis in global issues that affect businesses and policy decisions.

어휘 cover 보도하다 / range 범위, 범주 / analysis 분석 / affect 영향을 미치다 / policy 정책

05 An adequate humidity level may improve cognitive function among children and adolescents, which is important for learning.

어휘 adequate 적당한 / humidity 습기 / level 정도, 수준 / cognitive 인식의 / function 기능 / adolescent 청소년

06 Scientists have identified a specific region of a brain that is responsible for immediate reactions including fear and aggressive behavior.

어휘 identify 확인하다, 찾다, 발견하다 / specific 특정한 / region 부분, 부위, 영역 / aggressive 공격적인 / immediate 즉각적인, 당면한 / reaction 반응 / be responsible for ~을 책임지고 있다, ~에 원인이 되다

Let's Copy!

번역문과 원문을 비교해가며 저자의 번역의도를 파악하시오.

4-A We cover a wide range of news events and provide unique analysis in global issues **that affect businesses and policy decisions.**

> **번역1** 우리는 다양한 뉴스거리를 보도하고 **기업과 정책 결정에 영향을 미치는** 세계 이슈들에 대한 독특한 분석을 제공한다. <형용사적>

4-B We cover a wide range of news events and provide unique analysis in global issues **that(=and they) affect businesses and policy decisions.**

> **번역2** 우리는 다양한 뉴스를 보도하고 독특한 분석을 세계 이슈들에 대해 제공하는데 **이는 기업과 정책 결정에 영향을 미친다.** <접속사+주격대명사>

5-A An adequate humidity level may improve cognitive function among children and adolescents, **which is important for learning.**

> **번역1** 적절한 습도는 **학습에 중요한** 아이들과 청소년들의 인지기능을 향상시킬 수 있다. <형용사적>

5-B An adequate humidity level may improve cognitive function among children and adolescents, **which(=and it) is important for learning.**

> **번역2** 적절한 습도는 아이들과 청소년들의 인지기능을 향상시킬 수 있는데, **이는 학습에 중요하다.**
> <접속사+주격대명사>

6-A Scientists have identified a specific region of a brain **that is responsible for** immediate reactions including fear and aggressive behavior.

> **번역1** 과학자들은 **두려움과 공격적인 행동을 포함한 즉각적인 반응을 담당하는** 두뇌의 특정 영역을 밝혀냈다. <형용사적>

6-B Scientists have identified a specific region of a brain **that(=and it) is** responsible for immediate reactions including fear and aggressive behavior.

> **번역2** 과학자들은 두뇌의 특정 영역을 밝혀냈는데, 그곳은 **두려움과 공격적인 행동을 포함한 즉각적인 반응을** 담당한다. <접속사+주격대명사>

Let's Drill!

다음 문장을 다양한 방식으로 번역하시오.

07 Social welfare is a set of activities that has, in part, been directed to offsetting the unequal distributions.

어휘 welfare 복지 / in part 부분적으로, 어느 정도 / direct 향하게 하다 / offset 상쇄하다 / distribution 분배

08 Arcata, California transformed a 65 hectare garbage dump into a series of ponds and marshes that serve as a simple, low-cost, waste treatment facility.

어휘 transform 완전히 바꿔 놓다, 탈바꿈시키다 / dump (쓰레기) 폐기장 / pond 연못 / marsh 습지 / serve (특정한) 효과를 낳다, 제공하다, 적합하다, 쓰일 수 있다, 역할을 하다, 도움이 되다 / facility 시설 / treatment 처리

09 Our focus should be on making sure we are giving our youth an education that is going to arm them to save humanity.

어휘 make sure 확실히 ~하다 / youth 젊은이 / arm 준비시키다 / save 구하다 / humanity 인류

Let's Copy!

번역문과 원문을 비교해가며 저자의 번역의도를 파악하시오.

7-A Social welfare is a set of activities **that has, in part, been directed to offsetting the unequal distributions.**

> **번역1** 사회 복지는 **어느 정도 불평등한 분배의 상쇄를 지향해온** 일련의 활동이다. <형용사적>

7-B Social welfare is a set of activities **that(=and it) has, in part, been directed to offsetting the unequal distributions.**

> **번역2** 사회복지는 일련의 활동인데, **불평등한 분배를 일정부분 해소하는 것을 지향해왔다.** <접속사+주격대명사>

8-A Arcata, California transformed a 65 hectare garbage dump into a series of ponds and marshes **that serve as a simple, low-cost, waste treatment facility.**

> **번역1** 캘리포니아에 있는 아르카타는 65헥타르의 쓰레기 처리장을 **간단하고, 비용이 적게 들며, 쓰레기 처리 시설의 역할을 하는** 일련의 연못과 늪으로 바뀌었다. <형용사적>

8-B Arcata, California transformed a 65 hectare garbage dump into a series of ponds and marshes **that(=and they) serve as a simple, low-cost, waste treatment facility.**

> **번역2** 아르카타는 캘리포니아에 있는데, 65헥타르의 쓰레기 처리장을 일련의 연못과 늪으로 바뀌었다. **그런데 그곳은 간단하고, 비용이 적게 들며, 쓰레기 처리 시설의 역할을 한다.** <접속사+주격대명사>

9-A Our focus should be on making sure we are giving our youth an education that is going to arm them to save humanity.

> **번역1** 우리의 초점은 우리가 젊은이들에게 **인류를 구하도록 준비시킬** 교육을 제공하는 것을 확실히 하는 것이 되어야 한다. <형용사적>

9-B Our focus should be on making sure we are giving our youth an education that(=and it) is going to arm them to save humanity.

> **번역2** 우리의 초점은 (우리가) 젊은이들에게 교육을 제공하는 것을 분명히 하는 것이 되어야 한다. **왜냐하면 그 교육이 인류를 구하도록 대비시킬 것이기 때문이다.** <접속사+주격대명사>

* "and"를 우리는 '그리고', '그런데'의 의미정도로 알고 있지만, '단어와 단어' '구와 구' '절과 절'을 연결해주는 문법적 기능만 있을 뿐, 문맥에 따라 '~ 때문에', '~하면서', '동시에', '그러나', '그렇다면' 등으로 유연하게 번역이 가능한 단어이다.

Let's Drill!

다음 문장을 다양한 방식으로 번역하시오.

10 In business school, the professors teach an approach to management decisions that is designed to overcome our natural tendency to cling to the familiar.

> **어휘** approach 접근(법) / design 설계하다, 고안하다 / tendency 기질, 경향 / cling to 고수하다, 매달리다, 집착하다

11 The Lumiere brothers invented a machine which could project many filmed images very quickly to make a picture appear to move.

> **어휘** project 영사하다, 투사하다 / film 촬영하다, 찍다

12 There are a great many people who have all the material conditions of happiness and who, nevertheless, are profoundly unhappy.

> **어휘** condition 조건, 상태, 상황 / profoundly 매우, 절실히, 깊은 곳에서

Let's Copy!

번역문과 원문을 비교해가며 저자의 번역의도를 파악하시오.

10-A In business school, the professors teach an approach to management decisions **that is designed to overcome our natural tendency to cling to the familiar.**

> **번역1** 경영 대학원에서 교수들은 **익숙한 것들을 고수하고자 하는 우리의 타고난 성향을 극복하기 위해 고안된** 경영상의 의사결정에 대한 접근법을 가르친다. <형용사적>

10-B In business school, the professors teach an approach to management decisions **that(=and it) is designed to overcome our natural tendency to cling to the familiar.**

> **번역2** 경영 대학원에서 교수들은 경영상의 의사결정에 대한 접근법을 가르치는데, 이는 익숙한 것들을 고수하려는 우리의 타고난 성향을 극복하려고 고안되었다. <접속사+주격대명사>

11-A The Lumiere brothers invented a machine **which could project many filmed images very quickly to make a picture appear to move.**

> **번역1** 뤼미에르 형제는 **그림이 움직이는 것 같게 하려고 많은 촬영된 이미지들을 매우 빠르게 영사할 수 있는** 기계를 발명했다. <형용사적>

11-B The Lumiere brothers invented a machine **which(=and it) could project many filmed images very quickly to make a picture appear to move.**

> **번역2** 뤼미에르 형제는 한 기계를 발명했다. 그런데 그것은 많은 촬영된 이미지들을 매우 빠르게 영사하여 그림이 움직이는 것처럼 보이게 할 수 있었다. <접속사+주격대명사>

12-A There are a great many people **who have all the material conditions of happiness and who, nevertheless, are profoundly unhappy.**

번역1 행복의 모든 물질적 조건을 가지고 있지만 그럼에도 불구하고 매우 불행한 아주 많은 사람들이 있다. <형용사적>

12-B There are a great many people **who(=and they) have all the material conditions of happiness and who(=and they), nevertheless, are profoundly unhappy.**

번역2 매우 많은 사람들이 있다. 그런데 그들은(=매우 많은 사람들은) 행복의 모든 물질적 조건을 가지고 있지만 그럼에도 불구하고 (그들은) 매우 불행하다. <접속사+주격대명사>

* There are a great many people who: '매우 많은 사람들은'으로 한 호흡으로 번역하는 것도 가능하다.

Let's Drill!

다음 문장을 다양한 방식으로 번역하시오.

13 We should be bolstering curriculum that helps young people mature into ethical adults who feel a responsibility to the global community.

어휘 bolster 보강하다, 강화하다, 개선하다 / mature 성숙하다 / ethical 윤리적인, 도적적인 / responsibility 책임감

14 I caught a cold which turned into pneumonia and that's why I was sick in bed until this week.

어휘 pneumonia 폐렴

15 *OhInsurance* is a free service that allows you to compare hundred of the nation's leading life insurance companies just a few easy steps.

어휘 insurance 보험 / leading 선도적인 주요한, 대표적인

Let's Copy!

번역문과 원문을 비교해가며 저자의 번역의도를 파악하시오.

13-A We should be bolstering curriculum **that helps young people mature into ethical adults who feel a responsibility to the global community.**

> **번역1** 우리는 젊은이들이 지구 공동체에 책임감을 느끼는 도덕적인 어른으로 성숙하는 것을 도와줄 교육과정을 강화해야 한다. <형용사적>

13-B We should be bolstering curriculum **that(=and it)** helps young people mature into ethical adults **who(=and they)** feel a responsibility to the global community.

> **번역2** 우리는 교육과정을 보강해야 하는데 이는 젊은이들이 성숙하여 도덕적인 어른이 되는 데 도움을 줄 것이고, 그들은 지구 공동체에 책임감을 느끼게 될 것이다. <접속사+주격대명사>

14-A I caught a cold **which turned into pneumonia** and that's why I was in sick in bed until this week.

> **번역1** 나는 **폐렴으로 변한** 감기에 걸렸고 그것이 내가 이번 주 내내 몸져 누웠던 이유이다. <형용사적>

14-B I caught a cold **which(=and it) turned into pneumonia** and that's why I was sick in bed until this week.

> **번역2** 나는 감기에 걸렸는데 **그것이 폐렴으로 변했다.** 그래서 나는 이번 주 내내 몸져 누워 있었다.
> <접속사+주격 대명사>

* that's why: '그것이 ~ 한 이유이다'가 기존의 번역이었다면, 문맥상 결과에 해당하는 부분이므로 '그래서, 그러므로'라는 번역도 가능하다.

15-A *OhInsurance* is a free service **that allows you to compare** hundred of the nation's leading life insurance companies just a few easy steps.

> **번역1** 오인슈런스는 당신이 수백 개의 국가의 주요 생명보험사를 간단한 몇 안 되는 단계로 비교할 수 있게 해주는 무료 서비스이다. <형용사적>

15-B *OhInsurance* is a free service **that(=and it)** allows you to compare hundred of the nation's leading life insurance companies just a few easy steps.

> **번역2** 오인슈런스는 무료 서비스인데 당신이 수백 개의 국가의 주요 생명보험 사를 간단한 몇 안 되는 단계로 비교할 수 있게 해준다. <접속사+주격대 명사>

Let's Drill!
다음 문장을 다양한 방식으로 번역하시오.

16 There are psychologists who suggest that positive self-talk can actually hurt more than it can help.

> 어휘 psychologist 심리학자 / suggest 완곡히 말하다

17 There are many education experts who believe that punishment is a two-edged sword that may prove counter-productive and even harmful.

> 어휘 expert 전문가 / punishment 체벌 / counter-productive 비생산적인 / two-edged 양날의, 두 가지로 이해되는

18 The human species differs from other animals because we thirst for knowledge that reaches far beyond our personal needs.

> 어휘 thirst for 갈망하다, 열망하다 / species 종, 종족

Let's Copy!

번역문과 원문을 비교해가며 저자의 번역의도를 파악하시오.

16-A There are psychologists **who suggest that** positive self-talk can actually hurt more than it can help.

> **번역1** 긍정적인 자기대화가 도움이 되기보다는 실제로는 더 많은 해를 줄 수 있다고 말하는 심리학자들이 있다. <형용사적>

16-B There are psychologists **who(=and they)** suggest that positive self-talk can actually hurt more than it can help.

> **번역2** 심리학자들이 있다. 그런데 그들은(=심리학자들은) 긍정적인 자기대화가 도움이 되기보다는 실제로는 더 많은 나쁜 영향을 줄 수 있다고 말한다. <접속사+주격대명사>

> * There are psychologists who : '심리학자들은'이라고 한 번에 번역하는 것도 가능하다.

17-A There are many education experts **who believe that** punishment is a two-edged sword **that** may prove counter-productive and even harmful.

> **번역1** 처벌이 역효과를 낳을 수 있으며 심지어 해로울 수 있다고 밝혀진 양날의 검이라고 믿는 많은 교육 전문가들이 있다. <형용사적>

17-B There are many education experts **who(=and they)** believe that punishment is a two-edged sword **that(=and it)** may prove counter-productive and even harmful.

> **번역2** 많은 교육 전문가들이 있다. 그런데 그들은(=많은 교육전문가들은) 처벌은 양날의 검인데, 역효과를 낳을 수 있고 심지어는 해로울 수 있다고 믿는다. <접속사+주격대명사>

* There are many education experts who: '많은 교육 전문가들은'이라고 한 번에 번역하는 것도 가능하다.

18-A The human species differs from other animals because we thirst for knowledge **that reaches far beyond our personal needs.**

> **번역1** 인류는 다른 동물들과 다르다. 왜냐하면 우리는 **우리의 개인적인 욕구를 넘어서는 지점에 이르게 해주는** 지식을 갈망하기 때문이다. <형용사적>

18-B The human species differs from other animals because we thirst for knowledge **that(=and it) reaches far beyond our personal needs.**

> **번역2** 인류는 다른 동물들과 다르다. 왜냐하면 우리는 지식에 목말라하는데, 그 지식이 우리의 개인적인 욕구를 넘어서는 지점에 이르게 해주기 때문이다. <접속사+주격대명사>

Let's Drill!

다음 문장을 다양한 방식으로 번역하시오.

19 Sigmund Freud argued that all humans have desires or instincts that need to be repressed by society if society is to function.

어휘 desire 욕망, 욕구 / instinct 본능 / repress 억누르다 / function (원래대로 정상적) 활동을 하다, 기능하다

20 The choice to say the word, mouthing it and hearing yourself say it, makes up a series of small events that increase memorization more than if you simply repeat the word in your mind.

어휘 mouth ~이라는 말을 입 밖에 내다 / make up 구성하다, 만들다 / event 성과, 결과

21 To our eyes, brightly colored insects are beautiful, but to predators such as birds, bright colors are a warning sign that indicates the insect is likely to contain nasty chemical compounds.

어휘 insect 곤충 / predator 포식자, 맹수 / indicate 나타내다, 암시하다 / nasty 불쾌한, 좋지 않은 / chemical 화학적인, 화학의, 화학제품, 화학약품 / compound 화합물, 혼합물, 합성물

Let's Copy!

번역문과 원문을 비교해가며 저자의 번역의도를 파악하시오.

19-A Sigmund Freud argued that all humans have desires or instincts **that need to be repressed by society if society is to function.**

> **번역1** 지그문트 프로이트는 모든 인간에게는 **사회가 제대로 기능하려면 사회에 의해 억제되어야 하는** 욕망이나 본능이 있다고 주장했다. <형용사적>

19-B Sigmund Freud argued that all humans have desires or instincts **that(=and they) need to be repressed by society if society is to function.**

> **번역2** (과거) 지그문트 프로이트의 주장에 따르면 모든 인간은 욕망이나 본능을 가지고 있는데, 그것들은 **사회에 의해 억제되어야 한다고 한다. 사회가 제대로 기능하려면 말이다.** <접속사+주격대명사>

* Sigmund Freud argued that = According to Sigmund Freud's argument = '지그문트 프로이드의 주장에 따르면'

20-A The choice to say the word, mouthing it and hearing yourself say it, makes up a series of small events **that increase memorization more than if you simply repeat the word in your mind.**

> **번역1** 입 밖에 내어보고, 자신이 그것을 말하는 것을 들으면서 그 단어를 읊조려보는 그 선택은 **당신이 단순히 마음속으로 그 단어를 반복하는 것보다 기억력을 더 높이는** 일련의 작은 성과를 만들어 낸다. <형용사적>

* "mouthing it and hearing yourself say it"은 분사구문으로 동시동작을 나타내므로 '~하면서'라고 번역하였다.

20-B The choice to say the word, mouthing it and hearing yourself say it, makes up a series of small events **that(=and they) increase memorization more** than if you simply repeat the word in your mind.

> 번역2 입 밖에 내어보고, 자신이 그것을 말하는 것을 들으면서 그 단어를 읊조려보는 그 선택은 일련의 성과를 만들어 내는데, **그 성과는 당신이 단순히 마음속으로 그 단어를 반복하는 것보다 기억력을 더 높여준다.** <접속사+주격대명사>

21-A To our eyes, brightly colored insects are beautiful, but to predators such as birds, bright colors are a warning sign **that indicates the insect is likely to contain nasty chemical compounds.**

> 번역1 우리의 눈에는 밝은 색의 곤충들이 아름답지만, 새와 같은 포식 동물들에게 밝은 색은 **그 곤충이 위험한 화학 합성물을 함유하고 있을 가능성이 있다는 것을 나타내는** 경고의 신호이다. <형용사적>

21-B To our eyes, brightly colored insects are beautiful, but to predators such as birds, bright colors are a warning sign **that(=and it) indicates the insect is likely to contain nasty chemical compounds.**

> 번역2 우리의 눈에는 밝은 색의 곤충들이 아름답지만, 새와 같은 포식 동물들에게 밝은 색은 경고신호**인데 곤충이 좋지 않은 화학 혼합물을 함유하고 있을 가능성이 있다는 것을 나타낸다.** <접속사+주격대명사>

Let's Drill!

다음 문장을 다양한 방식으로 번역하시오.

22   Tyndale was one of the translators into English who recognized that perspicuity is not incompatible with literary quality.

어휘 perspicuity 명확함 / incompatible 양립할 수 없는 / recognize 인정하다, 인식하다, 알다 / literary 문학의, 문학적인 / quality 우수성

23   Children who choose and evaluate for works of art themselves can truly develop their own aesthetic taste.

어휘 evaluate 평가하다 / aesthetic 미학의, 심미적인 / taste 취향, 기호, 취향, 감상력

24   Many parents who have ever experienced personal hardship desire a better life for their children.

어휘 hardship 고난, 어려움 / desire 열망하다, 바라다

Let's Copy!

번역문과 원문을 비교해가며 저자의 번역의도를 파악하시오.

22-A Tyndale was one of the translators into English **who recognized that perspicuity is not incompatible with literary quality.**

> (번역1) 틴들은 **명쾌함이 문학적 우수성과 양립할 수 없는 것은 아니라는 것을 인정한** 영어번역가 중 한 명이었다. <형용사적>

22-B Tyndale was one of the translators into English **who(=and he) recognized that perspicuity is not incompatible with literary quality.**

> (번역2) 틴들은 영어번역가 중 한 명이었는데, 그는 **표현의 명쾌함이 문학적 우수성과 양립할 수 있다는 것을 인정했다.** <접속사+주격대명사>

23-A Children **who choose and evaluate works of art for themselves** can truly develop their own aesthetic taste.

> (번역1) **예술작품을 혼자 힘으로 선택하고 평가하는** 아이들은 진정으로 자신들의 고유한 미적 취향을 개발할 수 있다. <형용사적>

23-B Children **who choose and evaluate works of art for themselves** can truly develop their own aesthetic taste.

> = Children, **if they choose and evaluate works of art for themselves,** can truly develop their own aesthetic taste.

> (번역2) **아이들이 (만약) 예술작품을 혼자서 선택하고 평가한다면** 진정으로 자신들의 고유한 미학적 감상력을 키울 수 있다. <접속사+주격대명사>

24-A Many parents **who have ever experienced personal hardship** desire a better life for their children.

> **번역1** 개인적인 고난을 경험한 적이 있는 많은 부모들은 그들의 자녀들에게 더 나은 삶을 바란다. <형용사적>

24-B Many parents **who have ever experienced personal hardship** desire a better life for their children.

> = Many parents, **if they have ever experienced personal hardship,** desire a better life for their children.

> **번역2** 많은 부모들이 (만약) 개인적인 고난을 경험한 적이 있다면 그들의 자녀들이 보다 나은 삶을 살기를 바란다. <접속사+주격대명사>

Let's Drill!

다음 문장을 다양한 방식으로 번역하시오.

25   Anyone who has ever attain any degree of success knows that nothing valuable in life comes easily.

attain 달성하다 / degree 정도

26   The thousands of infants who will be born today across the world will experience very different environment in their first two years.

infant 유아 / in ~안에, ~후에, ~동안에

27   People who have developed a high degree of communication skills are more likely to have the potential for deeper bonds in their personal relationships than non-communicators.

likely 가능성 있는, ~일 것 같은 / potential 가능성, 잠재력 / bond 유대

Let's Copy!

번역문과 원문을 비교해가며 저자의 번역의도를 파악하시오.

25-A Anyone **who has ever attain any degree of success** knows that nothing valuable in life comes easily.

> **번역1** **어느 정도의 성공을 이뤄본 적 있는** 사람은 누구나 삶에서 소중한 어떤 것도 쉽게 오지 않는다는 사실을 알 것이다. <형용사적>

* anyone: '사람은 누구나', '누군가', '누구든지', '모든 사람(informal)으로 문맥에 따라 유연하게 번역 하는 것이 가능하다.

25-B Anyone **who has ever attained any degree of success** knows that nothing valuable in life comes easily.

> = Anyone, **if he or she has ever attained any degree of success**, knows that nothing valuable in life comes easily.

> **번역2** **누군가 (만약) 어느 정도 성공을 이뤄본 적이 있다면** 알 것이다. 삶에서 소 중한 어떤 것도 쉽게 오지 않는다는 점을 말이다. <접속사+주격대명사>

26-A The thousands of infants **who will be born today across the world** will experience very different environment in their first two years.

> **번역1** **오늘 세계 전역에서 태어날** 수천 명의 유아들은 생후 2년 안에 매우 다른 환경을 경험할 것이다. <형용사적>

26-B The thousands of infants **who will be born today across the world** will experience very different environment in their first two years.

> = The thousands of infants, **if they are born today across the world**, will experience very different environment in their first two years.

> **번역2** **수천 명의 유아들이 (만약) 오늘 세계 도처에서 태어난다면** 생후 2년 간

매우 다른 환경을 경험 할 것이다. <접속사+주격대명사>

= They(=The thousands of infants) will be born today across the world **and** the thousands of infants(=they) will experience very different environment in their first two years.

번역3 수천 명의 유아들이 **오늘 세계 도처에서 태어날 터인데,** 그들은 처음 2년 간 매우 다른 환경을 경험하게 될 것이다. <접속사+주격대명사>

27-A People **who have developed a high degree of communication skills** are more likely to have the potential for deeper bonds in their personal relationships than non-communicators.

번역1 **높은 수준의 의사소통 능력을 발전시켜온** 사람들은 의사소통을 하지 않는 사람들보다 그들의 개인적인 인간관계에서 더 깊은 유대를 가질 가능성이 더 높을 것이다. <형용사적>

27-B People **who have developed a high degree of communication skills** are more likely to have the potential for deeper bonds in their personal relationships than non-communicators.

= People, **if they have developed a high degree of communication skills,** are more likely to have the potential for deeper bonds in their personal relationships than non-communicators.

번역2 사람들이 **(만일) 높은 수준의 의사소통 능력을 발전시켜왔다면** 의사소통을 하지 않는 사람들보다 그들의 개인적인 관계에서 더 깊은 유대를 가질 가능성이 높다. <접속사+주격대명사>

Let's Drill!

다음 문장을 다양한 방식으로 번역하시오.

28 Businesspeople will tell you that the individual who is in the best physical shape often wins in negotiations, because he has the physical stamina to see the deal through.

어휘 physical stamina 체력 / negotiation 협상 / see sth through ~을 끝까지 해내다 / shape 상태

29 Anyone who has ever rushed out of the house only to realize that their keys and wallet are sitting on the kitchen table knows this only too well.

어휘 rush 급히 움직이다 / only to do (그러나) 결과는 ~뿐이다

30 People who communicate to others about themselves rather freely, who are frank and open, who express their views, opinions, knowledge, and feelings freely, and who share their knowledge and personal experiences with others can be considered as the self-disclosing type.

어휘 communicate 소통하다 / rather 꽤, 상당히 / frank 솔직한 / consider 여기다, 간주하다 / disclose 폭로하다, 공개하다, 밝히다 / view 견해

Let's Copy!

번역문과 원문을 비교해가며 저자의 번역의도를 파악하시오.

28-A Businesspeople will tell you that the individual **who is in the best physical shape** often wins in negotiations, because he has the physical stamina to see the deal through.

> 번역1 사업가들은 여러분에게 **최상의 신체적 상태에 있는** 사람이 거래를 끝까지 해낼 수 있는 체력을 지니고 있으므로 흔히 협상에서 이긴다고 말할 것이다. <형용사적>

28-B Businesspeople will tell you that the individual **who is in the best physical shape often** wins in negotiations, because he has the physical stamina to see the deal through.

= Businesspeople will tell you that the individual, **if he or she is in the best physical shape,** often wins in negotiations, because he has the physical stamina to see the deal through.

> 번역2 사업가들이 당신에게 할 말은 한 사람이 **(만약) 최상의 몸 상태에 있다면** 흔히 협상에서 이긴다는 것이다. 왜냐하면 그가 거래를 끝까지 해낼 수 있는 체력을 지니고 있기 때문이다. <접속사+주격대명사>

* Businesspeople will tell you that : '사업가들이 당신에 할 말은'으로 한 덩어리로 인식하여 번역하였다.

29-A Anyone **who has ever rushed out of the house only to realize that their keys and wallet are sitting on the kitchen table** knows this only too well.

> 번역1 급하게 집을 나섰지만 열쇠와 지갑을 식탁 위에 두고 온 것을 깨달은 적이 있는 사람이라면 누구든지 이러한 것을 너무나도 잘 알고 있다. <형용사적>

29-B Anyone **who has ever rushed out of the house only to realize that their keys and wallet are sitting on the kitchen table** knows this only too well.

= Anyone, **if he or she has ever rushed out of the house only to realize that their keys and wallet are sitting on the kitchen table,** knows this only too well. <접속사+주격대명사>

번역2 누군가가 (만약) 급하게 집을 나섰지만 열쇠와 지갑이 식탁 위에 있다는 것을 깨달은 적이 있다면 이 점을 너무나도 잘 알고 있을 것이다. <접속사+주격대명사>

30-A People **who communicate to others about themselves rather freely, who are frank and open, who express their views, opinions, knowledge, and feelings freely, and who share their knowledge and personal experiences with others** can be considered as the self-disclosing type.

번역1 보다 자유롭게 자신에 대해 다른 사람들에게 알리고, 솔직하고 개방적이고, 자신의 시각, 견해, 지식, 그리고 감정을 자유롭게 표현하며, 자신의 지식과 개인적인 경험을 다른 사람들과 공유하는 사람들은 자기개방유형으로 여겨질 수 있다. <형용사적>

30-B People **who communicate to others about themselves rather freely, who are frank and open, who express their views, opinions, knowledge, and feelings freely, and who share their knowledge and personal experiences with others** can be considered as the self-disclosing type.

= People, **if they communicate to others about themselves rather freely, if they are frank and open, if they express their views, opinions, knowledge, and feelings freely, and if they share their knowledge and personal experiences with others,** can be considered as the self-disclosing type.

번역2 사람들이 (만약) 다른 사람에게 그들 자신에 대해서 보다 자유롭게 알리고, 솔직하고 개방적이고, 자신의 시각, 견해, 지식, 그리고 감정을 자유롭게 표현하며, 자신의 지식과 개인적인 경험을 다른 사람들과 공유한다면, 자기개방유형으로 여겨질 수 있다. <접속사+주격대명사>

목적격관계대명사절은 형용사절이다. 따라서 '선행사 + [who(m)/which/that] + 주어 + 동사'의 패턴에서 '주어**가** 동사**하는** 선행사'로 번역하는 것이 가능하다. 하지만, 목적격 관계대명사는 '접속사 + 목적격대명사'이기도 하다. 따라서 '**그런데, 그리고** 선행사**를** 주어**가** 동사한**다(면)**'라고 순차적으로 번역할 수 도 있다. 목적격관계대명사는 생략이 가능하므로, 생략되었을 때에도 다양한 각도에서 번역하는 훈련을 하는 것이 중요하다.

Sam is an actor (whom we like very much).
샘은 우리가 아주 많이 좋아하는 배우다. <형용사적 성질을 반영한 번역>

Sam is an actor whom(=and him) we like very much.
=Sam is an actor and we like him very much.
샘은 배우이다. 그런데 그를 우리는 아주 많이 좋아한다. <접속사+목적격대명사를 활용한 번역>
=샘은 배우인데 그를 우리는 아주 많이 좋아한다.

Let's Drill!

다음 문장을 다양한 방식으로 번역하시오.

01   We follow fixed routines which we've learned from our friends, family, and
     culture.

어휘 fixed 고정된, 정해진 / routine 일과, 일상

02 Sugary foods cause a rapid rise in blood sugar level that the diabetic person is unable to deal with.

어휘 sugary 설탕의, 달콤한 / rapid 빠른 / diabetic 당뇨병이 있는 / deal with 다루다, 대처하다

03 An ideal may be a perfect and flawless standard that one would be proud to attain.

어휘 ideal 이상 / flawless 흠 없는, 결함 없는 / proud 자랑스러운 / attain 달성하다, 이루다, 성취하다

Let's Copy!

번역문과 원문을 비교해가며 저자의 번역의도를 파악하시오.

1-A We follow fixed routines **which we've learned from our friends, family, and culture.**

> **번역1** 우리는 **우리가 친구들, 가족들, 그리고 문화에서 배워온** 판에 박힌 일상을 따른다. <형용사적>

1-B We follow fixed routines **which(=and them) we've learned from our friends, family, and culture.**

> = We follow fixed routines **and we've learned them from our friends, family, and culture.**
>
> **번역2** 우리는 똑같은 일상을 따르는 데 그것을 우리는 우리의 **친구들, 가족들, 그리고 문화에서 배워왔다.** <접속사+목적격대명사>

2-A Sugary foods cause a rapid rise in blood sugar level **that the diabetic person is unable to deal with.**

> **번역1** 설탕이 많은 음식은 **당뇨병이 있는 사람이 다룰 수 없는** 혈당 수치의 급격한 상승을 유발한다. <형용사적>

2-B Sugary foods cause a rapid rise in blood sugar level **that(=and it) the diabetic person is unable to deal with.**

> = Sugary foods cause a rapid rise in blood sugar level **and the diabetic person is unable to deal with it.**
>
> **번역2** 설탕이 많은 음식은 혈당 수치의 급격한 상승을 유발하는데 **이를 당뇨병이 있는 사람은 처리할 수 없다.** <접속사+목적격대명사>

3-A An ideal may be a perfect and flawless standard **that one would be proud to attain.**

> **번역1** 이상은 **어떤 사람이 달성하면 자랑스러워 할** 완벽하고 결점 없는 기준일 수 있다. <형용사적>

3-B An ideal may be a perfect and flawless standard **that(=and it) one would be proud to attain.**

> = An ideal may be a perfect and flawless standard **and one would be proud to attain it.**

> **번역2** 이상은 완벽하고 결점 없는 기준일 수 있는**데, 그것에 도달한다면** 어떤 사람은 자랑스러워 할 것이다. <접속사+목적격대명사>

Let's Drill!

다음 문장을 다양한 방식으로 번역하시오.

04 Some boys were playing in the muddy puddle that the rain had made by the roadside.

어휘 muddy 진흙투성이인 / puddle 물웅덩이 / roadside 길가, 노변

05 I'm writing to discuss the kitchenware which I ordered through your website three days ago.

어휘 kitchenware 주방용품

06 "Gym" teacher is an old-fashioned term that some people still use to describe a physical educator.

어휘 old-fashioned 옛날식의, 구식의 / term 용어, 말 / physical 육체의, 신체의

Let's Copy!

번역문과 원문을 비교해가며 저자의 번역의도를 파악하시오.

4-A Some boys were playing in the muddy puddle **that the rain had made by the roadside.**

> **번역1** 몇 명의 소년들이 **비가 길가에 만들어 놓은** 진흙탕에서 놀고 있었다. <형용사적>

* "by" 모두가 아는 '~에 의해서' 의미뿐만 아니라 '옆에서'라는 의미가 있다. 유연하게 단어를 보고 사고하는 것이 중요하다. 영단어 중에 하나의 의미만 있는 단어는 거의 없다고 보면 된다.

4-B Some boys were playing in the muddy puddle **that(=and it) the rain had made by the roadside.**

= Some boys were playing in the muddy puddle **and the rain had made it by the roadside.**

> **번역2** 몇 명의 소년들이 진흙탕에서 놀고 있었**는데 그것을 비가 길가에 만들어 놓았다.** <접속사+목적격대명사>

5-A I'm writing to discuss the kitchenware **which I ordered through your website three days ago.**

> **번역1** 저는 **3일 전 귀사의 웹사이트에서 주문한** 주방용품에 대해 이야기하고자 이 글을 씁니다. <형용사적>

5-B I'm writing to discuss the kitchenware **which(=and it) I ordered through your website three days ago.**

= I'm writing to discuss the kitchenware **and I ordered it through your website three days ago.**

번역2 저는 주방용품에 관하여 말하고자 하는데 그것을 3일 전 귀사의 웹사이트에서 주문했습니다. <접속사+목적격대명사>

6-A "Gym" teacher is an old-fashioned term **that some people still use to** describe a physical educator.

> 번역1 '체육지도자'라는 말은 **일부 사람들이 체육 교사를 가리키기 위해서 아직도 사용하고 있는** 옛날 느낌이 나는 표현이다. <형용사적>

6-B "Gym" teacher is an old-fashioned term **that(=and it) some people still use to describe a physical educator.**

= "Gym" teacher is an old-fashioned term **and some people still use it to** describe a physical educator.

> 번역2 '체육지도자'는 옛날식 용어인데, **이를 일부사람들은 아직도 사용하여 체육교사를 표현하려 한다.** <접속사+목적격대명사>

Let's Drill!

다음 문장을 다양한 방식으로 번역하시오.

07 When I was seventeen, a doctor came and informed me that I had a disease which no one knew how to cure.

08 A thorough investigation will focus on about 2,000 people, illegal migrants whom a judge ordered to be deported.

09 When people interact with someone whom they don't foresee meeting again, they have little reason to search for positive qualities.

Let's Copy!

번역문과 원문을 비교해가며 저자의 번역의도를 파악하시오.

7-A When I was seventeen, a doctor came and informed me that I had a disease **which no one knew how to cure.**

> **번역1** 열일곱 살 때, 의사가 내게 와서 내가 **아무도 어떻게 치료해야 할지 모르는** 질병을 가지고 있다고 알려줬다. <형용사적>

7-B When I was seventeen, a doctor came and informed me that I had a disease **which(=and it) no one knew how to cure.**

> = When I was seventeen, a doctor came and informed me that I had a disease **and no one knew how to cure it.**

> **번역2** 열일곱 살 때, 의사가 내게 와서 내가 질병을 가지고 있는**데 그것을 아무도 어떻게 치료해야 할지 모른다고** 알려줬다. <접속사+목적격대명사>

8-A A thorough investigation will focus on about 2,000 people, illegal migrants **whom a judge ordered to be deported.**

> **번역1** 철저한 조사가 **판사가 추방되어야 한다고 명령한** 2천명의 불법이주자들에게 집중될 것이다. <형용사적>

8-B A thorough investigation will focus on about 2,000 people, illegal migrants **whom(=and them) a judge ordered to be deported.**

> = A thorough investigation will focus on about 2,000 people, illegal migrants **and a judge ordered them to be deported.**

> **번역2** 철저한 조사가 불법 이주자인 2천명의 사람들에게 집중적으로 이루어질 예정이다. **그런데 그들을 (일전에) 판사는 추방해야 한다고 선고했다.** <접속사+목적격대명사>

9-A When people interact with someone **whom they don't foresee meeting again,** they have little reason to search for positive qualities.

> **번역1** 사람들이 **그들이 다시 만날 것으로 예상하지 않는** 누군가와 교류할 때, 그들은 긍정적인 특성들을 찾아야 할 이유가 거의 없다. <형용사절>

9-B When people interact with someone **whom(=and him or her) they don't foresee meeting again,** they have little reason to search for positive qualities.

= When people interact with someone **and they don't foresee him or her meeting again,** they have little reason to search for positive qualities.

> **번역2** 사람들이 누군가와 상호작용을 하는데, **그 사람을 다시 만날 거라고 예상치 않는다면,** 그들은 긍정적인 자질들을 찾아야 할 이유가 거의 없다. <접속사+목적격 대명사>

* when: 부사절을 만드는 접속사 "when"은 '~할 때' 뿐만 아니라 '~이면', '~할 경우에' 등의 다양한 번역이 가능하다.'

Let's Drill!

다음 문장을 다양한 방식으로 번역하시오.

10 Everyone should always have a book on hand which he is reading for pleasure, and the aim should be to read about one book a week.

어휘 on hand 가까이에 / aim 목적

11 Although people who belong to the same age group differ in many other ways, they tend to share a set of values and common cultural experiences that they carry throughout life.

어휘 belong to ~에 속하다 / tend to+v ~하는 경향이 있다 / throughout 내내

12 Some cities have become notorious for their ugliness and chaos, but their chaotic nature is closely associated with the dynamic quality that they undoubtedly possess.

어휘 notorious 악명 높은 / ugliness 추함 / associate 관련시키다 / undoubtedly 분명히, 의심할 여지없이 / possess 소유하다

Let's Copy!

번역문과 원문을 비교해가며 저자의 번역의도를 파악하시오.

10-A Everyone should always have a book on hand **which he is reading for pleasure**, and the aim should be to read about one book a week.

> **번역1** 모든 이들은 늘 손닿는 곳에 **그가 즐거워서 읽는** 책을 가지고 있어야 하며, 목표가 일주일에 한 권 정도 읽는 것이 되어야 한다. <형용사적>

10-B Everyone should always have a book on hand **which(=and it) he is reading for pleasure**, and the aim should be to read about one book a week.

> = Everyone should always have a book on hand **and he is reading it for pleasure**, and the aim should be to read about one book a week.

> **번역2** 모든 이들은 항상 가까이에 책을 가지고 있어야 하는**데, 그것을 즐거워서 읽는 것이어야 한다.** 또한, 그 목표가 일주일에 한 권 정도 읽는 것이 되어야 한다. <접속사+목적격대명사>

11-A Although people who belong to the same age group differ in many other ways, they tend to share a set of values and common cultural experiences **that they carry throughout life.**

> **번역1** 비록 동일한 연령 집단에 속해 있는 사람들이 여러 가지 다른 측면에서 차이가 있기는 하지만, **그들은 일생동안 그들이 지니게 되는** 일련의 가치관과 공통된 문화적 경험을 공유하는 경향이 있다. <형용사적>

11-B Although people who belong to the same age group differ in many other ways, they tend to share a set of values and common cultural experiences **that(=and them) they carry throughout life.**

> = Although people who belong to the same age group differ in many other

ways, they tend to share a set of values and common cultural experiences **and they carry them throughout life.**

> **번역2** 사람들이 동일한 연령 집단에 속해 있어도 여러 가지 다른 측면에서 차이가 있을 테지만, 그들은 일련의 가치관과 공통된 문화적 경험을 공유하는 면이 있고, **그것들을 그들은 평생 지니게 된다.** <접속사+목적격대명사>

12-A Some cities have become notorious for their ugliness and chaos, but their chaotic nature is closely associated with the dynamic quality **that they undoubtedly possess.**

> **번역1** 일부 도시들은 추함과 무질서로 악명 높았지만 이러한 도시들의 무질서적인 면모는 **이러한 도시들이 분명히 지니고 있는** 역동적 특징과 밀접하게 연관되어 있다. <형용사적>

12-B Some cities have become notorious for their ugliness and chaos, but their chaotic nature is closely associated with the dynamic quality **that(=and it) they undoubtedly possess.**

= Some cities have become notorious for their ugliness and chaos, but their chaotic nature is closely associated with the dynamic quality **and they undoubtedly possess it.**

> **번역2** 일부 도시들은 추함과 무질서로 악명 높았지만 이러한 도시들의 무질서적인 면모는 역동적 특징과 밀접하게 연관되어 있다. **그리고 그 특징을 이러한 도시들은 분명히 지니고 있다.** <접속사+목적격대명사>

Let's Drill!

다음 문장을 다양한 방식으로 번역하시오.

13   Most professors see themselves in a position of professional authority over their students that they earned by many years of study.

어휘 professional 능숙한, 전문가적인 / authority 권위 / earn 얻다

14   The simplest emotion that we discover in the human mind is curiosity.

어휘 curiosity 호기심

15   Many men are like irrational animals, creatures of instinct, born to be captured and destroyed. They criticize matters that they do not understand, and like such creatures, they too will be destroyed.

어휘 irrational 비논리적인, 이성이 없는 / capture 포획하다 / destroy 파괴하다, 죽이다 / criticize 비난하다

Let's Copy!

번역문과 원문을 비교해가며 저자의 번역의도를 파악하시오.

13-A Most professors see themselves in a position of professional authority over their students **that they earned by many years of study.**

> **번역1** 대부분의 교수들은 자신들이 학생들보다는 **그들이 여러 해의 연구를 통해 얻은** 전문가적 권위를 가진 위치에 있다고 여긴다. <형용사적>

* "of"는 '소유'의 의미가 있으며 '가진'이라고 번역하는 경우도 상당히 많다.

e.g. the property of our family : 우리가족의 재산=우리가족이 갖고 있는(=소유한) 재산

13-B Most professors see themselves in a position of professional authority over their students **that(=and it) they earned by many years of study.**

= Most professors see themselves in a position of professional authority over their students **and they earned it by many years of study.**

> **번역2** 대부분의 교수들은 자신들이 학생들보다 전문가적 권위를 가진 자리에 있다고 여기는데, 그 권위라는 것을 그들은 여러 해의 연구를 통해서 얻었다. <접속사+목적격대명사>

14-A The simplest emotion that we discover in the human mind is curiosity.

> **번역1** 우리가 인간의 마음에서 찾게 되는 가장 단순한 감정은 호기심이다. <형용사적>

14-B The simplest emotion **that we discover in the human mind** is curiosity.

= The simplest emotion, **if we discover it in the human mind,** is curiosity.

> **번역2** 가장 단순한 감정을 (만일) 우리가 인간의 마음에서 찾게 된다면 (그것은) 호기심이다. <접속사+목적격대명사>

15-A Many men are like irrational animals, creatures of instinct, born to be captured and destroyed. They criticize matters **that they do not understand**, and like such creatures, they too will be destroyed.

> 번역1 많은 사람들은 이성이 없는 동물, 즉 포획되어 죽임을 당하도록 태어난 본능을 가진 피조물들과 같다. 그들은 **자신이 이해할 수 없는** 문제들을 비난하는데, 비슷한 피조물들처럼 그들 역시 처분당할 것이다. <형용사적>

15-B Many men are like irrational animals, creatures of instinct, born to be captured and destroyed. They criticize matters **that they do not understand**, and like such creatures, they too will be destroyed.

= Many men are like irrational animals, creatures of instinct, born to be captured and destroyed. They criticize matters, **if they do not understand them,** and like such creatures, they too will be destroyed.

> 번역2 많은 사람들은 이성이 없는 동물, 즉 포획되어 죽임을 당하도록 태어난 본능을 가진 피조물들과 같다. 그들이 **문제들을 그들이 이해할 수 없다면** 비난하는데, 비슷한 피조물들처럼 그들 역시 처분당할 것이다. <접속사+목적격대명사>

Let's Drill!

다음 문장을 다양한 방식으로 번역하시오.

16 A reward which you get in the distant future gives no emotional pleasure.

> **어휘** reward 보상 / pleasure 즐거움, 기쁨

17 When a person with a chronic disease talks about her pain with a sympathetic group, the close relationships and understanding that she finds there are certain to help her.

> **어휘** chronic 만성적인 / sympathetic 공감하는, 동정하는 / close 가까운, 친밀한

18 The greatest mistake that a man can make is to be afraid of making one.

> **어휘** mistake 실수, 잘못, 착각, 오해

Let's Copy!

번역문과 원문을 비교해가며 저자의 번역의도를 파악하시오.

16-A A reward **which you get in the distant future** gives no emotional pleasure.

번역1 먼 미래에 당신이 얻게 될 보상은 어떠한 정서적 즐거움도 주지 못한다.
<형용사적>

16-B A reward **which you get in the distant future** gives no emotional pleasure.

= A reward, **if you get it in the distant future**, gives no emotional pleasure.

번역2 보상을 **당신이 먼 미래에 얻는다면** 아무런 정서적 기쁨도 주지 못한다.
<접속사+목적격대명사>

17-A When a person with a chronic disease talks about her pain with a sympathetic group, the close relationships and understanding that **she finds there** are certain to help her.

번역1 어느 만성질환을 가지고 있는 한 사람이 그녀의 고통을 공감해주는 집단과 이야기했을 때, **그녀가 거기에서 찾게 되는** 가까운 관계와 이해는 확실히 그녀에게 도움을 준다. <형용사적>

17-B When a person with a chronic disease talks about her pain with a sympathetic group, the close relationships and understanding **that she finds there** are certain to help her.

= When a person with a chronic disease talks about her pain with a sympathetic group, the close relationships and understanding, **if she finds them there**, are certain to help her.

번역2 어떤 만성질환을 가지고 있는 한 사람이 그녀의 고통을 공감해주는 집단과 이야기를 나누었을 때, **친밀한 관계와 이해를 그녀가 거기서 찾게 된다면**, 확실히 그녀에게 도움이 된다. <접속사+목적격대명사>

18-A The greatest mistake **that a man can make** is to be afraid of making one.

> **번역1** 사람이 할 수 있는 가장 큰 실수는 실수하는 것을 두려워하는 것이다.
> <형용사적>

18-B The greatest mistake **that a man can make** is to be afraid of making one.

= The greatest mistake, **if a man can make it,** is to be afraid of making one.

> **번역2** 가장 큰 실수를 한 사람이 하게 된다면 (그건) 실수하는 것을 두려워하는 것일 터이다. <접속사+목적격대명사>

Let's Drill!

다음 문장을 다양한 방식으로 번역하시오.

19 Everything we know by heart enriches us and helps us find ourselves.

> **어휘** enrich 풍요롭게 하다, 질적으로 향상시키다. / find 찾다, 알다

20 The student whom I thought to be smart could not solve the math problem.

> **어휘** solve 풀다, 해결하다

21 The best piece of advice that you have received from family and friends is to be yourself.

> **어휘** advice 충고, 조언 / receive 받다, 얻다

Let's Copy!

번역문과 원문을 비교해가며 저자의 번역의도를 파악하시오.

19-A Everything **that we know by heart** enriches us and helps us find ourselves.

> **번역1** 우리가 마음으로 아는 모든 것은 우리를 풍요롭게 하고 우리가 자신을 아는 데 도움을 준다. <형용사적>

19-B Everything **that we know by heart** enriches us and helps us find ourselves.

> = Everything, **if we know it by heart**, enriches us and helps us find ourselves.

> **번역2** 모든 것을 **우리가 마음으로 안다면**, 우리의 가치를 높여주고 우리가 자신을 아는데 도움을 준다. <접속사+목적격대명사>

20-A The student **whom I thought to be smart** could not solve the math problem.

> **번역1** 내가 영리하다고 생각한 그 학생은 그 수학문제를 풀지 못했다. <형용사적>

20-B The student **whom I thought to be smart** could not solve the math problem.

> = The student, **though I thought him to be smart**, could not solve the math problem.

> **번역2** 그 학생을 나는 영리하다고 생각했지만 그 문제를 풀지 못했다. <접속사+목적격대명사>

21-A The best piece of advice **that you have received from family and friends** is to be yourself.

> **번역1** 여러분이 가족과 친구로부터 받은 가장 좋은 조언은 본래의 네가 되라는

것이다. <형용사적>

21-B The best piece of advice **that you have received from family and friends** is to be yourself.

= The best piece of advice, **if you have received it from family and** **friends,** is to be yourself.

번역2 가장 좋은 조언을 **당신이 가족이나 친구에게 받는다면,** 그것은 평소의 네가 되라는 말일 것이다. <접속사+목적격대명사>

Let's Drill!

다음 문장을 다양한 방식으로 번역하시오.

22 The best equipment that a young man can have for the battle of life is a conscience, common sense, and good health.

어휘 conscience 양심 / common sense 상식

23 One of the most important skills that you can develop in human relations is the ability to see things from others' points of view.

어휘 develop 발달시키다 / point of view 관점, 견해

24 The most important contribution that you can make to your success and happiness is to develop the habit of continuous goal setting.

어휘 contribution 기여, 공헌, 이바지 / continuous 계속되는, 지속적인

Let's Copy!

번역문과 원문을 비교해가며 저자의 번역의도를 파악하시오.

22-A The best equipment **that a young man can have for the battle of life** is a conscience, common sense, and good health.

> **번역1** 젊은이가 인생이라는 전투를 위해 갖출 수 있는 최상의 장비는 양심, 상식, 그리고 좋은 건강이다. <형용사적>

* 동격의 "of"는 '~이라는' 번역이 가능하다

e.g. the city of Seoul : 서울시, 서울이라는 도시

22-B The best equipment **that a young man can have for the battle of life** is a conscience, common sense, and good health.

= The best equipment, **if a young man can have it for the battle of life,** is a conscience, common sense, and good health.

> **번역2** 최고의 장비를 젊은이가 인생이라는 전투를 위해 갖춘다면 (그것은) 양심, 상식, 그리고 좋은 건강일 것이다. <접속사+목적격대명사>

23-A One of the most important skills **that you can develop in human relations** is the ability to see things from others' points of view.

> **번역1** 당신이 인간관계에서 발달시킬 수 있는 가장 중요한 기술 중 하나는 다른 사람의 관점에서 상황을 바라보는 능력이다. <형용사적>

23-B One of the most important skills **that you can develop in human relations** is the ability to see things from others' points of view.

= One of the most important skills, **if you can develop it in human relations,** is the ability to see things from others' points of view.

> **번역2** 가장 중요한 기술들 중 하나를 당신이 인간관계 속에서 개발한다면 (그

것은) 타인의 관점에서 상황을 바라보는 능력이다. <접속사+목적격대명사>

24-A The most important contribution **that you can make to your success and happiness** is to develop the habit of continuous goal setting.

번역1 당신이 성공과 행복을 향해서 할 수 있는 가장 중요한 공헌은 끊임없는 목표 설정의 습관을 기르는 것이다. <형용사적>

24-B The most important contribution **that you can make to your success and happiness** is to develop the habit of continuous goal setting.

= The most important contribution, **if you can make it to your success and happiness**, is to develop the habit of continuous goal setting.

번역2 가장 중요한 공헌을 (만일) 당신이 자신의 성공과 행복을 위해서 할 수 있다면 (그건) 지속적인 목표를 설정하는 습관을 기르는 것이다. <접속사+목적격대명사>

Let's Drill!

다음 문장을 다양한 방식으로 번역하시오.

25 The writing that you will do in the classes —and for the rest of your life— will give you a chance to discover and confront honestly your own views on your subjects.

> **어휘** chance 가능성, 기회 / confront 직면하다 / honestly 솔직하게, 정말 / view 견해

26 Although children watch television at various times, the television program that they view alone tends to be specifically aimed at children.

> **어휘** aim 겨냥하다, 목표하다 / specifically 분명히, 명확하게, 특별히

27 A slave named Augustus Tolton who became a priest and whom the Pope recognized as a saint is the first black priest recognized in the United States.

> **어휘** saint 성인 / recognize 인정하다 / priest 신부, 사제 / Pope 교황

Let's Copy!

번역문과 원문을 비교해가며 저자의 번역의도를 파악하시오.

25-A The writing **that you will do in the classes** —and for the rest of your life—will give you a chance to discover and confront honestly your own views on your subjects.

> **번역1** 당신이 수업시간에, 그리고 남은 평생 동안 하게 될 글쓰기는, 너에게 주제에 대한 너 자신만의 견해를 발견하고 그 견해를 솔직하게 마주하는 기회를 줄 것이다. <형용사적>

25-B The writing **that you will do in the classes** —and for the rest of your life —will give you a chance to discover and confront honestly your own views on your subjects.

= The writing, **If you do it in the classes** —and for the rest of your life— will give you a chance to discover and confront honestly your own views on your subjects.

> **번역2** 글쓰기를 당신이 수업시간에, 그리고 평생 동안 한다면, (이는) 당신에게 주제에 관한 자신만의 생각을 찾고 솔직하게 마주할 기회를 선사하는 것이다. <접속사+목적격대명사>

26-A Although children watch television at various times, the television program **that they view alone** tends to be specifically aimed at children.

> **번역1** 비록 아이들이 다양한 시간에 텔레비전을 시청하지만, **그들만이 보는 방송 프로그램은** 특별히 아이들을 대상으로 하는 경향이 있다. <형용사적>

26-B Although children watch television at various times, the television program **that they view alone** tends to be specifically aimed at children.

= Although children watch television at various times, the television program, if they view it alone, tends to be specifically aimed at children.

번역2 아이들이 다양한 시간대에 텔레비전을 시청하지만, 특정 텔레비전 프로그램을 **아이들만이 본다면**, 명백히 아이들을 대상으로 하는 것일 수 있다. <접속사+목적격대명사>

27-A A slave named Augustus Tolton **who became a priest and whom the Pope recognized as a saint** is the first black priest recognized in the United States.

번역1 **신부가 되었고 교황이 성인으로 인정한** 아우구스투스 톨튼이라는 이름의 한 노예는 미국에서 인정받은 최초의 흑인 사제이다. <형용사적>

27-B A slave named Augustus Tolton **who became a priest and whom the Pope recognized as a saint** is the first black priest recognized in the United States.

= **He(=A slave named Augustus Tolton) became a priest and the Pope recognized him as a saint, and** a slave named Augustus Tolton(=he) is the first black priest recognized in the United States.

번역2 아우구스투스 톨튼이라는 이름의 한 노예는 **사제가 되었고, 그를 교황이 성인으로 인정하였는데,** (그는) 최초의 흑인 사제로 미국에서 인정받았다. <접속사+주격, 목적격대명사>

Let's Drill!

다음 문장을 다양한 방식으로 번역하시오.

28　The biggest trap that many family gardeners fall into is creating a garden that is too large.

어휘 trap 함정

29　One of the most difficult things which everyone has to learn is that for your entire life you must keep fighting and adjusting if you hope to survive.

어휘 entire 전체의 / thing 것, 상황, 사물, 물건, 일 / adjust 적응하다

Let's Copy!

번역문과 원문을 비교해가며 저자의 번역의도를 파악하시오.

28-A The biggest trap **that many family gardeners fall into** is creating a garden that is too large.

> **번역1** 텃밭을 가꾸는 많은 사람들이 빠지는 가장 큰 함정은 너무 큰 정원을 만드는 것이다. <형용사적>

28-B The biggest trap **that many family gardeners fall into** is creating a garden that is too large.

= The biggest trap, **if many family gardeners fall into it,** is creating a garden that is too large.

> **번역2** 가장 큰 함정에 가정에서 정원을 가꾸는 사람들이 빠지게 된다면 (그건) 지나치게 큰 정원을 만드는 것이다. <접속사+목적격대명사>

29-A One of the most difficult things **which everyone has to learn** is that for your entire life you must keep fighting and adjusting if you hope to survive.

> **번역1** 모든 이들이 배워야 하는 가장 어려운 일들 중에 하나는 만약 당신이 살아남기를 바란다면 평생 동안 계속 싸우고 적응해야 한다는 것이다. <형용사적>

29-B One of the most difficult things **which everyone has to learn** is that for your entire life you must keep fighting and adjusting if you hope to survive.

= One of the most difficult things, **if everyone has to learn it,** is that for your entire life you must keep fighting and adjusting if you hope to survive.

> **번역2** 가장 어려운 일 중 하나를 모든 이들이 배워야 한다면 (그건) 평생 동안 당신이 계속 싸우고 적응해야 한다는 것이다. 만약 당신이 살아남기를 바란다면 말이다. <접속사+목적격대명사>

소유격관계대명사절은 형용사절이다. 따라서 '선행사+whose+주어+동사'의 패턴에서 '(~의, 그) 주어가 동사하는 선행사'로 번역하는 것이 가능하며, '선행사+whose+목적어+주어+동사'의 패턴에서는 '(~의, 그) 목적어를 주어가 동사하는 선행사'로 번역하는 것이 가능하다. 하지만, 소유격관계대명사는 '접속사+소유격'이기도 하다. 따라서 '**그리고, 그런데** 선행사의 주어가 동사**하다**' 혹은, '**그리고, 그런데** 선행사의 목적어를 주어가 동사**하다**'로 번역이 가능하다.

Once upon a time, there lived a girl (whose name was Gretel).
옛날 옛적에 이름이 그레텔인 한 소녀가 살았다. <형용사적 성질을 반영한 번역>
Once upon a time, there lived a girl whose(=and her) name was Gretel.
옛날 옛적에 한 소녀가 살았다. 그런데 그녀의 이름은 그레텔이었다.
=옛날 옛적에 한 소녀가 살았는데 그녀의 이름은 그레텔이었다. <접속사+소유격의 성질을 반영한 번역>

He's my teacher (whose opinion I respect.)
그는 의견을 내가 존중하는 나의 선생님이다. <형용사적 성질을 반영한 번역>
He's my teacher whose(=and his) opinion I respect.
= He's my teacher and I respect his opinion.
그는 내 선생님이다. 그런데 그의 의견을 나는 존중한다.
그는 내 선생님인데, 그의 의견을 나는 존중한다. <접속사+소유격의 성질을 반영한 번역>

Let's Drill!

다음 문장을 다양한 방식으로 번역하시오.

01 He is an average-looking man whose teeth are not straight.

어휘 average 평범한, 보통의 / straight 곧은

02　I grew up listening to my Japanese mother whose English was grammatically incorrect.

어휘 listen to ~의 말을 듣다

03　Bread is a truly great invention, whose secret is known only to man and to no other living creature.

어휘 invention 발명(품) / secret 비결, 비밀

Let's Copy!

번역문과 원문을 비교해가며 저자의 번역의도를 파악하시오.

1-A He is an average-looking man **whose teeth are not straight.**

> **번역1** 그는 **치아가 고르지 못한** 평범한 외모의 소유자이다. <형용사적>

1-B He is an average-looking man **whose(=and his) teeth are not straight.**

> **번역2** 그는 평범한 외모의 남자인데 **그의 치아가 고르지 못하다.** <접속사+소유격>

2-A I grew up listening to my Japanese mother **whose English was grammatically incorrect.**

> **번역1** 나는 **영어가 문법적으로 부정확한** 일본인 어머니의 말을 들으며 자랐다. <형용사적>

2-B I grew up listening to my Japanese mother **whose(=and her) English was grammatically incorrect.**

> **번역2** 나는 일본인 어머니의 말을 들으며 자랐는데, **엄마의 영어는 문법적으로 정확하지 않았다.** <접속사+소유격>

3-A Bread is a truly great invention, **whose secret is known only to man and to no other living creature.**

> **번역1** 빵은 **그 비법이 오로지 인간에게만 알려져 있고 다른 어떤 생명체에게도 알려져 있지 않은** 정말로 대단한 발명품이다. <형용사적>

3-B Bread is a truly great invention, **whose(=and its) secret is known only to man and to no other living creature.**

번역2 빵은 정말로 대단한 발명품인데, 그 비법이 오로지 인간에게만 알려져 있고 다른 어떤 생명체에게도 알려져 있지 않다. <접속사+소유격>

Let's Drill!

다음 문장을 다양한 방식으로 번역하시오.

04   An idiom is an expression whose meaning cannot be inferred from the meanings of its parts.

> **어휘** idiom 숙어 / infer 추론하다, 추측하다

05   The Australian taipan is a snake, whose poison is strong enough to kill 199 adults with just one bite.

> **어휘** Australian taipan 내륙타이판 (뱀의 종류) / bite 물기, 무는 행위

06   Rose was working for "The Hunger Project" whose goal was to bring an end to hunger around the world.

> **어휘** bring 가져오다, ~하게 하다

Let's Copy!

번역문과 원문을 비교해가며 저자의 번역의도를 파악하시오.

4-A An idiom is an expression **whose meaning cannot be inferred from the meanings of its parts.**

　　(번역1) 숙어는 그 의미가 부분의 의미로 추론될 수 없는 표현이다. <형용사적>

4-B An idiom is an expression **whose(=and its) meaning cannot be inferred from the meanings of its parts.**

　　(번역2) 숙어는 표현인데 그 의미가 부분의 의미로 추론될 수 없다. <접속사+소유격>

5-A The Australian taipan is a snake, **whose poison is strong enough to kill 199 adults with just one bite.**

　　(번역1) 내륙 타이판은 그 독이 매우 강해서 한 번만 물어도 199명의 성인들을 죽일 수 있는 뱀이다.

　　(번역2) 내륙 타이판은 그 독이 한 번만 물어도 199명은 성인들을 죽일 수 있을 만큼 매우 강력한 뱀이다. <형용사적>

* "원인 enough to-v 결과"의 의미를 가지고 있다. 따라서 기존의 번역방식 '~할 만큼 충분히 ~한'도 가능하지만 '너무~해서 ~하다'라고 번역하는 것도 가능하다.

5-B The Australian taipan is a snake, **whose(=and its) poison is strong enough to kill 199 adults with just one bite.**

　　(번역2) 내륙 타이판은 뱀인데, 그 독이 매우 강해서 199명의 성인들을 한 번 무는 것만으로도 죽일 수 있다. <접속사+소유격>

6-A Rose was working for "The Hunger Project" **whose goal was to bring an** end to hunger around the world.

> **번역1** 로즈는 그 목표가 전 세계의 기아를 끝내는 것인 '기아 종식 프로젝트'를 위해 일하는 중이었다. <형용사적>

6-B Rose was working for "The Hunger Project" **whose(=and its) goal was to** bring an end to hunger around the world.

> **번역2** 로즈는 '기아 종식 프로젝트'를 위해 일하는 중이었는데, 그 목표는 전 세계의 기아를 끝내는 것이었다. <접속사+소유격>

Let's Drill!

다음 문장을 다양한 방식으로 번역하시오.

07 Investigators want to trace the families of World War I soldiers whose remains were found 100 years after their deaths.

어휘 Investigator 연구자, 수사관, 조사관 / trace 추적하다, (추적하여) 밝혀내다 / remains 유해

08 In Belgium, Parents are free to choose both primary and secondary schools for their children whose education is free.

어휘 primary school 초등학교 / secondary school 중학교 / free 무료의

09 A teacher is regarded as an interested observer whose role is to guide, encourage, listen and stimulate his or her students.

어휘 regard 여기다 / guide 지도하다 / encourage 격려하다, 고무하다 / stimulate 동기부여하다, 자극하다, 관심을 불러일으키다

Let's Copy!

번역문과 원문을 비교해가며 저자의 번역의도를 파악하시오.

7-A Investigators want to trace the families of World War I soldiers **whose remains were found 100 years after their deaths.**

> **번역1** 수사관들은 **유골이 사망한지 100년 후에 발견된** 1차 세계대전 군인들의 가족을 추적하기를 바란다. <형용사적>

7-B Investigators want to trace the families of World War I soldiers **whose(=and their) remains were found 100 years after their deaths.**

> **번역2** 수사관들은 1차 세계대전 군인들의 가족을 추적하여 밝혀내기를 원하는데, 그 군인들의 유골은 사망한지 100년 뒤에 발견이 되었다. <접속사+소유격>

8-A In Belgium, Parents are free to choose both primary and secondary schools for their children **whose education is free.**

> **번역1** 벨기에에서 부모들은 자유롭게 그들의 아이들을 위해 **교육이 무료인** 초등학교와 중학교를 선택할 수 있다. <형용사적>

8-B In Belgium, Parents are free to choose both primary and secondary schools for their children **whose(=and their) education is free.**

> **번역2** 벨기에에서 부모들은 자유롭게 초등학교와 중학교를 선택할 수 있다. 더불어, 그곳의 교육은 무료이다. <접속사+소유격>

9-A A teacher is regarded as an interested observer **whose role is to guide, encourage, listen and stimulate his or her students.**

> **번역1** 교사는 **그 역할이 그 또는 그녀의 학생들을 지도하고, 그들의 말에 귀를 기울이고, 동기부여 하는** 관심 있는 관찰자로 여겨진다. <형용사적>

9-B A teacher is regarded as an interested observer **whose(=and his or her)** role is to guide, encourage, listen and stimulate his or her students.

번역2 교사는 관심 있는 관찰자로 여겨지는데, 그 역할은 그 또는 그녀의 학생들을 지도하고, 그들의 말에 귀를 기울이며, 관심을 불러일으키는 것이다. <접속사+소유격>

Let's Drill!

다음 문장을 다양한 방식으로 번역하시오.

10 In every school, there are a small percentage of troubled, alienated, or just unhappy children whose needs cannot be met only by a large circle of friends.

> **어휘** troubled 걱정하는, 불안해하는, 힘든 / alienate 소외감을 느끼게 하다 / need 필요성, 욕구 / meet 충족시키다 / circle 범위

11 It's very difficult to integrate yourself into a society whose culture is so different from your own.

> **어휘** integrate 통합시키다

12 I play in a New Orleans-style brass band that does free public parades every week and whose important principle is to have fun and not worry about wrong notes.

> **어휘** brass band 관악대 / principle 원칙 / note 음(조)

Let's Copy!

번역문과 원문을 비교해가며 저자의 번역의도를 파악하시오.

10-A In every school, there are a small percentage of troubled, alienated, or just unhappy children **whose needs cannot be met only by a large circle of friends.**

> **번역1** 모든 학교에 **욕구가 폭넓은 교우관계로는 충족될 수 없는** 적은 비율의 곤란을 겪고, 소외되거나 불행한 아이들이 있다. <형용사적>

10-B In every school, there are a small percentage of troubled, alienated, or just unhappy children **whose(=and their) needs cannot be met only by a large circle of friends.**

> **번역2** 모든 학교에 적은 비율의 곤란을 겪고, 소외되거나 불행한 아이들이 있는데, 그 아이들의 욕구는 폭넓은 교우관계만으론 충족될 수 없다. <접속사+소유격>

11-A It's very difficult to integrate yourself into a society **whose culture is so different from your own.**

> **번역1** 너 자신을 (그) **문화가 자신의 것과 매우 다른** 사회에 합치시키려 하는 것은 매우 어렵다. <형용사적>

11-B It's very difficult to integrate yourself into a society **whose(=and its) culture is so different from your own.**

> **번역2** 너 자신을 어느 사회에 합치시키는 것은 매우 어렵다. **왜냐하면 그 문화가 너 자신의 것과 매우 상이하기 때문이다.** <접속사+소유격>

12-A I play in a New Orleans-style brass band **that does free public parades every week and whose important principle is to have fun and not worry about wrong notes.**

> **번역1** 나는 매주 무료공개퍼레이드를 하고, 그 중요한 원칙이 즐기되, 음을 틀릴까봐 걱정하지 않는 뉴올리언스 스타일의 관악대에서 연주를 한다. <형용사적>

12-B I play in a New Orleans-style brass band **that(=and it) does free public parades every week and whose(=and its) important principle is to have fun and not worry about wrong notes.**

> **번역2** 나는 뉴올리언스 스타일의 관악대에서 연주하는데 매주 무료공연을 한다. 또, 그곳의 중요한 원칙은 즐기되 음을 틀릴까봐 걱정하지 않는 것이다. <접속사+소유격>

Let's Drill!

다음 문장을 다양한 방식으로 번역하시오.

13 The violinists and pianists whose names you've heard regularly earn between $20,000 and $50,000 for a single performance.

어휘 single 한 번의 / earn (돈을) 벌다 / regularly 규칙적으로, 자주

14 There are two continents whose percentage of forest loss is greater than five percent.

어휘 loss 손실, 손해

15 Some people believe that Atlantis was a powerful nation whose people became so corrupted by greed that Zeus destroyed it.

어휘 powerful 강력한 / corrupted 퇴폐한 / greed 탐욕

Let's Copy!

번역문과 원문을 비교해가며 저자의 번역의도를 파악하시오.

13-A The violinists and pianists **whose names you've heard regularly** earn between $20,000 and $50,000 for a single performance.

> **번역1** **여러분들이 자주 이름을 듣는** 바이올린 연주자와 피아노 연주자들은 한 번의 연주로 2만 달러에서 5만 달러의 소득을 얻는다. <형용사적>

13-B The violinists and pianists **whose names you've heard regularly** earn between $20,000 and $50,000 for a single performance.

= The violinists and pianists, **if you've heard their names regularly,** earn between $20,000 and $50,000 for a single performance.

> **번역2** 특정 바이올린 연주자와 피아노 연주자들**의 이름을 자주 들어본 적이 있 다면** 그들은 한 번의 연주로 2만 달러에서 5만 달러를 번다. <접속사+ 소유격>

14-A There are two continents **whose percentage of forest loss is greater than five percent.**

> **번역1** 산림 손실률이 5%가 넘는 두 대륙이 있다. <형용사적>

14-B There are two continents **whose(=and their) percentage of forest loss is greater than five percent.**

> **번역2** 두 대륙이 있는데, 그 곳의 산림 손실률이 5%가 넘는다.
> **번역3** 두 대륙의 산림 손실률이 5%가 넘는다.

* There are two continents whose : '두 대륙의'로, 어구를 한 번에 장악하여 번역하였다.

15-A Some people believe that Atlantis was a powerful nation **whose people became so corrupted by greed that Zeus destroyed it.**

> **번역1** 일부 사람들은 아틀란티스가 (그곳의) 사람들이 탐욕으로 타락하여 제우스가 파괴시킨 강력한 국가였다고 믿는다. <형용사적>

15-B Some people believe that Atlantis was a powerful nation **whose(=and its) people became so corrupted by greed that Zeus destroyed it.**

> **번역2** 일부 사람들은 아틀란티스가 강력한 국가였는데, 그곳의 사람들이 탐욕으로 타락하여 제우스가 파괴했다고 믿는다. <접속사+소유격>

Let's Drill!

다음 문장을 다양한 방식으로 번역하시오.

16 There is the old Melanesian culture whose members utilize the environment to grow a small range of subsistence crops and whose wants are very limited.

어휘 utilize 활용하다, 이용하다 / subsistence crop 자급용 작물 / range 범위 / want 필요한 것 / limited 제한된, 아주 많지 않은

Let's Copy!

번역문과 원문을 비교해가며 저자의 번역의도를 파악하시오.

16-A There is the old Melanesian culture **whose members utilize the environment to grow a small range of subsistence crops and whose wants are very limited.**

> **번역1** 그 구성원들이 환경을 활용하여 작은 범위의 자급용 작물을 재배하고 필요한 것들이 매우 한정된 옛 멜라네이아 문화가 있다. <형용사적>

16-B There is the old Melanesian culture **whose(=and its)** members utilize the environment to grow a small range of subsistence crops and **whose(and its)** wants are very limited.

> **번역2** 옛 멜라네이아 문화가 있는데 그 곳의 구성원들은 환경을 활용하여 작은 범위의 자급용 작물을 기른다. 왜냐하면 거기에서 필요한 것들이 매우 많지는 않기 때문이다. <접속사+소유격>

* "and"의 의미를 문맥에 따라 유연하게 번역하는 것이 중요하다.

전치사+관계대명사절은 형용사절이다. 따라서 '선행사+전치사+관계대명사(which/whom)+주어+동사'의 패턴에서 '주어**가** 동사**하는** 선행사'로 번역이 가능하다. 이 번역방식의 장점은 관계사 앞의 전치사가 어떠한 것이든 상관없이 일관된 번역방식을 유지할 수 있다는 것이다. 하지만 전치사의 의미를 뭉개기 때문에 정확도가 떨어진다. 관계대명사의 '접속사+대명사'의 성질을 활용하여 번역하는 것도 가능하다. 예컨대, "Tom is the celebrity about **whom** all the women talk"이라는 문장은 "Tom is the celebrity **and** about **him** all the women talk"으로 전환 할 수 있기 때문에, '톰은 모든 여자들이 이야기**하는** 유명인사이다'라는 형용사적 성질을 이용한 기존의 번역 대신에, '톰은 유명인사인**데**, **그에 대해** 모든 여자들이 이야기한다'라는 번역도 가능하다는 것이다.

Julia is the friend (with whom Ben talks most)
줄리아는 벤이 가장 많이 이야기를 나누는 친구이다. <형용사적 성질을 반영한 번역>

Julia is my daughter with whom Ben talks most.
=Julia is my daughter and with them Ben talks most.
줄리아는 내 딸이다. 그런데 그와 벤이 가장 많이 대화를 나눈다.
=줄리아는 내 딸인데, 그와 벤이 가장 많이 대화를 나눈다. <접속사+대명사의 성질을 반영한 번역>

Let's Drill!
다음 문장을 다양한 방식으로 번역하시오.

01　They have their own gardens nearby, in which they cultivate potatoes and vegetables.

어휘　cultivate 재배하다

02 Language provides the single most common variable by which different cultural groups are identified.

어휘 variable 변수, 변인 / identify 동족임을 인정하다, 동일시하다, 공감하다

03 Language is a system by which meaning is communicated in terms of forms such as words and sentences.

어휘 in terms of ~의 관점에서, ~의 면에서, ~에 기초를 두고

Let's Copy!

번역문과 원문을 비교해가며 저자의 번역의도를 파악하시오.

1-A They have their own gardens nearby, **in which they cultivate potatoes and vegetables.**

> **번역1** 그들은 근처에 (그들이) 감자와 채소를 재배하는 밭을 소유하고 있다.
> <형용사적>

1-B They have their own gardens nearby, **in which(=and in them) they cultivate potatoes and vegetables.**

> **번역2** 그들은 근처에 밭을 갖고 있는데, 그곳에서 감자와 채소를 재배한다.
> <접속사+대명사>

2-A Language provides the single most common variable **by which different cultural groups are identified.**

> **번역1** 언어는 다른 문화집단들이 공감대를 형성할 수 있는 단 하나의 가장 보편적인 변수를 제공한다. <형용사적>

Language provides the single most common variable **by which(=and by it) different cultural groups are identified.** <접속사+대명사>

> **번역2** 언어는 단 하나의 보편적 변인을 제공하는데 그것에 의해서 각기 다른 문화집단이 서로 공감할 수 있다. <접속사+대명사>

3-A Language is a system **by which meaning is communicated in terms of forms such as words and sentences.**

> **번역1** 언어는 의미가 단어와 문장과 같은 형태를 토대로 전달되는 체계이다.
> <형용사적>

3-B Language is a system **by which(=and by it)** meaning is communicated in terms of forms such as words and sentences.

번역2 언어는 체계인데 이를 통해 의미가 전달된다. 단어와 문장과 같은 형태를 토대로 그러하다. <접속사+대명사>

Let's Drill!

다음 문장을 다양한 방식으로 번역하시오.

04 Life and sports present many situations in which critical and difficult decisions have to be made.

어휘 critical 비판적인, 대단히 중요한 / present 제시하다, 나타내다, (문제 등을)야기하다, 겪게 하다

05 Values and their supporting beliefs are lenses through which we see the world.

어휘 value 가치관 / belief 생각, 믿음, 신념, 확신

06 Personal relationships are the fertile soil from which all advancement, all success, all achievement in real life grows.

어휘 fertile 비옥한 / soil 토양 / advancement 발전, 진보

Let's Copy!
번역문과 원문을 비교해가며 저자의 번역의도를 파악하시오.

4-A Life and sports present many situations **in which critical and difficult decisions have to be made.**

> **번역1** 삶과 스포츠는 **중요하고도 어려운 결정을 내려야 하는** 많은 상황을 경험하게 한다. <형용사적>

4-B Life and sports present many situations **in which(=and in them) critical and difficult decisions have to be made.**

> **번역2** 삶과 스포츠에서 많은 상황들이 나타나는데, **그 상황에서 중요하고도 어려운 결정이 내려져야 한다.** <접속사+대명사>

5-A Values and their supporting beliefs are lenses **through which we see the world.**

> **번역1** 가치관과 그것을 뒷받침해주는 믿음은 **우리가 세상을 보는** 렌즈이다. <형용사적>

5-B Values and their supporting beliefs are lenses **through which(=and through them) we see the world.**

> **번역2** 가치관과 그것을 뒷받침해주는 믿음은 렌즈와 같은데 **그것을 통해서 우리는 세상을 본다.** <접속사+대명사>

6-A Personal relationships are the fertile soil **from which all advancement, all success, all achievement in real life grows.**

> **번역1** 개인적인 관계는 **모든 진보, 모든 성공, 모든 성취가 현실에서 자라나는** 비옥한 토양이다. <형용사적>

6-B Personal relationships are the fertile soil **from which(=and from it)** all advancement, all success, all achievement in real life grows.

  번역2 인간관계는 비옥한 토양이라 할 수 있는데 그 곳에서 모든 진보, 모든 진보, 모든 성취가 현실에서 자라난다. <접속사+대명사>

Let's Drill!

다음 문장을 다양한 방식으로 번역하시오.

07 The arts are essential resources through which the world is viewed, meaning is created and the mind developed.

어휘 mind 마음, 정신상태, 지성 / develop 발전하다, 개발하다, 성장하다

08 Censorship is the moral or legislative process by which society "agrees" to limit what an individual can do, say, think, or see.

어휘 censorship 검열 / moral 도덕적인 / legislative 입법부의(에 의해 만들어진)

09 Most news media pay more attention to certain incidents in which the victims are children, women, and old people, even though they are less likely to be the victims of crime.

어휘 pay attention to ~에 유의하다, ~에 주목하다 / incident 사건 / victim 희생자, 피해자 / be likely to ~할 것 같다, ~일 가능성이 있다

Let's Copy!

번역문과 원문을 비교해가며 저자의 번역의도를 파악하시오.

7-A The arts are essential resources **through which** the world is viewed, meaning is created and the mind developed.

> **번역1** 예술은 세상이 보이고 의미가 만들어지며 정신이 성장하는 중요한 토대가 되는 자원이다. <형용사적>

7-B The arts are essential resources **through which(=and through them)** the world is viewed, meaning is created and the mind developed.

> **번역2** 예술은 중요한 자원인데 이를 통해 세상이 보이고 의미가 만들어지고 정신이 발달한다. <접속사+대명사>

8-A Censorship is the moral or legislative process **by which** society "agrees" to limit what an individual can do, say, think, or see.

> **번역1** 검열제도는 사회가 개인이 행하거나, 말하거나, 생각하거나, 또는 볼 수 있는 것을 제한하는 것에 '합의'하는 윤리적 또는 법률로 제정된 절차이다. <형용사적>

8-B Censorship is the moral or legislative process **by which(=and by it)** society "agrees" to limit what an individual can do, say, think, or see.

> **번역2** 검열은 도덕적 또는 입법부에 의해 만들어진 절차인데, 그 절차를 통해서 사회는 개인이 행하거나, 말하거나, 생각하거나, 또는 볼 수 있는 것을 제한하는 것에 '합의'한다. <접속사+대명사>

9-A Most news media pay more attention to certain incidents **in which the victims are children, women, and old people**, even though they are less likely to be the victims of crime.

> **번역1** 대부분의 뉴스 매체는 **아동과 여성, 노인이 범죄의 피해자가 될 가능성이 낮은데도 그들이 피해자인** 특정 사건들에 더 큰 관심을 쏟는다. <형용사절>

9-B Most news media pay more attention to certain incidents **in which(=and in them)** the victims are children, women, and old people, even though they are less likely to be the victims of crime.

> **번역2** 대부분의 뉴스 매체는 특정 사건들에 더 큰 관심을 쏟는데, 그 사건에서 피해자들은 아동과 여성, 노인이다. 그들이 범죄의 피해자가 될 가능성은 낮은데도 불구하고 말이다. <접속사+대명사>

Let's Drill!

다음 문장을 다양한 방식으로 번역하시오.

10   We expect students to appreciate scientific processes through which the principles are attained and verified.

어휘 appreciate 진가를 알아보다, 높이 평가하다, 잘 이해하다 / 올바르게 인식하다 / attain 획득하다 / verify 입증하다, 확인하다

11   All human societies have economic systems within which goods and services are produced, distributed, and consumed.

어휘 economic 경제적인 / goods 상품, 물건, 재화 / distribute ~을 분배하다, 유통시키다

12   Some people have an auditory-visual connection in which hearing certain pitches causes them to see colors.

어휘 auditory-visual 시청각적인 / pitch 음의 높낮이, 가락

Let's Copy!

번역문과 원문을 비교해가며 저자의 번역의도를 파악하시오.

10-A We expect students to appreciate scientific processes **through which the principles are attained and verified.**

번역1 우리는 **학생들이 원리가 습득되고 검증되는** 과학적인 절차들을 제대로 이해하기를 기대한다. <형용사적>

10-B We expect students to appreciate scientific processes **through which(=and through them) the principles are attained and verified.**

번역2 우리는 학생들이 과학적인 절차들의 진가를 알아보기를 기대한다. **왜냐하면 그것을 통해 원리가 습득되고 검증되기 때문이다.** <접속사+대명사>

11-A All human societies have economic systems **within which goods and services are produced, distributed, and consumed.**

번역1 모든 인간 사회는 **재화와 서비스가 생산되고 분배되며 소비되는** 경제 체계를 가지고 있다. <형용사적>

11-B All human societies have economic systems **within which(=and within them) goods and services are produced, distributed, and consumed.**

번역2 모든 인간 사회는 경제 체계를 가지고 있는데 그 안에서 **재화와 서비스가 만들어지고 분배되며, 소비된다.** <접속사+대명사>

12-A Some people have an auditory-visual connection **in which hearing certain pitches causes them to see colors.**

번역1 어떤 사람들은 **특정 높이의 음을 듣는 것으로 (그들이) 색채를 보게 되는** 청각과 시각이 연결되는 것을 경험한다. <형용사적>

* "have"의 수많은 의미 중에 '경험하다'의 의미가 있다. 영어단어는 문맥에 따라 유연하게 봐야 한다.

12-B Some people have an auditory-visual connection in which(=and in it) hearing certain pitches causes them to see colors.

번역2 어떤 사람들은 시, 청각이 연결되는 것을 경험하는데, 그 상태에서 특정 높낮이의 음을 들으면 그들은 색채를 보게 된다. <접속사+대명사>

Let's Drill!

다음 문장을 다양한 방식으로 번역하시오.

13 In order to achieve its goals, a firm has to be clear about the type of customer with whom it wants to deal and for whom it can produce the most value.

어휘) firm 기업, 회사 / deal 거래하다

14 The term "dissociative amnesia" refers to a condition in which a person forgets traumatic experiences and then remembers or recovers them years later.

어휘) dissociative amnesia 해리성 기억상실증 / condition 상태 / traumatic 외상성인

15 Some pessimistic scientists believe that climate change on earth has already passed the 'tipping point' beyond which it is not possible to stop the slide into global melt down.

어휘) pessimistic 비관적인, 회의적인 / tipping point 티빙포인트(어떠한 현상이 서서히 진행되다가 작은 요인으로 한순간 폭발하는 것을 말한다. 단어 그대로 풀이하면 '갑자기 뒤집히는 점'이라는 의미이다) / slide 하락, 떨어지다, (상태에) 모르는 사이에 빠지다 / melt down (빙하의) 융해

Let's Copy!

번역문과 원문을 비교해가며 저자의 번역의도를 파악하시오.

13-A In order to achieve its goals, a firm has to be clear about the type of customer **with whom it wants to deal and for whom it can produce the most value.**

> **번역1** 그 목표를 달성하기 위해서, 회사는 **(함께) 거래하고자 하고 (그들을 대상으로) 최대 가치를 창출할 수 있는** 고객의 유형에 관해서 명확히 해야 한다. <형용사적>

13-B In order to achieve its goals, a firm has to be clear about the type of customer **with whom (=and with it)** it wants to deal and for whom it can produce the most value.

> **번역2** 그 목표를 달성하려면 회사는 고객의 유형에 대해 명확히 해야 한다. **왜냐하면 그들과 함께 거래하며 그들을 대상으로 최대 가치를 창출할 수 있기 때문이다.** <접속사+대명사>

14-A The term "dissociative amnesia" refers to a condition **in which a person forgets traumatic experiences and then remembers or recovers them years later.**

> **번역1** '해리성 기억상실증'이라는 용어는 **한 사람이 외상에 대한 경험을 잊어버리고 그 것을 몇 년 후에 기억하거나 되살리게 되는** 상태를 말한다. <형용사적>

14-B The term "dissociative amnesia" refers to a condition **in which(=and in it)** a person forgets traumatic experiences and then remembers or recovers them years later.

> **번역2** '해리성 기억상실증'이라는 용어는 어떤 상태를 말하는데, 그 상태에 있

으면 사람은 외상에 대한 경험을 잊어버리고 이를 몇 년 후에 기억하거나 되살리게 된다. <접속사+대명사>

15-A Some pessimistic scientists believe that climate change on earth has already passed the 'tipping point' **beyond which it is not possible to stop the slide into global melt down.**

번역1 일부 비관적인 과학자들은 지구상의 기후 변화가 **범지구적인 빙하의 융해로 빠져드는 것을 막을 수 없는** '티핑포인트'를 이미 지났다고 생각한다. <형용사적>

15-B Some pessimistic scientists believe that climate change on earth has already passed the 'tipping point' **beyond which(=and beyond it) it is not possible to stop the slide into global melt down.**

번역2 일부 비관적인 과학자들의 생각에 따르면 지구의 기후변화가 이미 '티빙포인트'를 지났는데, 그것을 넘어서면, 전 세계적인 빙하의 융해로 빠지는 것을 막는 것이 불가능하게 된다. <접속사+대명사>

* Some pessimistic scientists believe = According to the belief of some pessimistic scientists

Let's Drill!

다음 문장을 다양한 방식으로 번역하시오.

16 To oversimplify, basic ideas bubble out of universities and laboratories in which a group of researchers work together.

> **어휘** oversimplify ~을 너무 간략하게 하다 / bubble 활기를 띠다, (아이디어 등으로) 넘치다 / out of 안에서 밖으로

17 In the physical world, friends are people to whom we are attached by feelings, affection, or personal regard.

> **어휘** physical 실제의, 물리적인 / attach ~에게 애착을 갖게 하다 / regard 관심, 고려, 배려, 존경

18 Chinese Medicine sees cold-energy foods and raw foods such as salads, ice-creams, iced drinks, or fruit as the cause of the weak spleen, which runs counter to all modern ideas about diet, according to which, by eating raw vegetables and fruit, we can absorb all the vitamins and minerals contained in them.

> **어휘** spleen 비장 / run[go, act] counter to ~을 거스르다, 역행하다 / absorb 흡수하다 / contain 포함하다

Let's Copy!

번역문과 원문을 비교해가며 저자의 번역의도를 파악하시오.

16-A To oversimplify, basic ideas bubble out of universities and laboratories **in which a group of researchers work together.**

> **번역1** 최대한 단순화하자면, 기본적인 아이디어들이 **한 집단의 연구자들이 함께 일하는** 대학과 실험실에서 부글거리며 넘쳐흐른다. <형용사적>

16-B To oversimplify, basic ideas bubble out of universities and laboratories **in which(=and in them) a group of researchers work together.**

> **번역2** 많이 단순화 하자면, 발전에 토대가 되는 아이디어들이 대학과 실험실에서 주체할 수 없이 넘쳐흐르는데 그곳에서 한 집단의 연구자들이 서로 협력하며 일하기 때문이다. <접속사+대명사>

* "basic"은 다른 것의 발전, 전개에 기초가 된다는 뉘앙스를 가지고 있다. 단어를 유연하게 바라보는 것이 중요하다. 대부분의 학생들은 영한사전을 진리라고 생각하지만, 그것 또한 번역가가 번역한 것에 지나지 않는다. 영영사전을 통해 단어의 느낌을 얻는 것이 중요하다. 일부 번역가들은 영한사전을 '오역사전'이라고 폄하하는 경우도 더러 있다.

17-A In the physical world, friends are people **to whom we are attached by** feelings, affection, or personal regard.

> **번역1** 실제 세계에서, 친구들은 **우리가 감정, 애정, 혹은 개인적인 관심으로 애착을 갖는** 사람들이다. <형용사적>

17-B In the physical world, friends are people **to whom(=and to them) we are attached by feelings, affection, or personal regard.**

> **번역2** 현실에서 친구들은 어떤 사람들인데, **그들에게 우리는 감정, 애정, 혹은 개인에 대한 호감으로 애착을 느끼게 된다.** <접속사+대명사>

18-A Chinese Medicine sees cold-energy foods and raw foods such as salads, ice-creams, iced drinks, or fruit as the cause of the weak spleen, which runs counter to all modern ideas about diet, **according to which, by eating raw vegetables and fruit, we can absorb all the vitamins and minerals contained in them.**

* spleen 비장

> **번역1** 중국 의학은 샐러드, 아이스크림, 냉 음료, 과일과 같은 찬 기운을 가진 음식, 즉 날 음식을 비장이 약해지는 원인으로 본다. 그리고 그것은 **생야 채나 과일을 먹음으로써 우리는 그 안에 포함된 모든 비타민과 미네랄을 흡수할 수 있다는** 음식에 대한 현대의 관점과 반대되는 것이다. <형용사적>

* and : (환언하여 설명을 덧붙일 때) 즉, 곧

18-B Chinese Medicine sees cold-energy foods and raw foods such as salads, ice-creams, iced drinks, or fruit as the cause of the weak spleen, which runs counter to all modern ideas about diet, **according to which(=and according to them), by eating raw vegetables and fruit, we can absorb all the vitamins and minerals contained in them.**

> **번역2** 중국의학은 찬 기운을 가진 날 음식, 예컨대, 샐러드, 아이스크림, 냉음료, 과일 같은 것들이 비장이 약해지는 원인이라고 본다. 그런데 그것은 음식에 관한 현대의 관점과 반대되는 것이다. **왜냐하면 현대의 관점에 따르면 생야채나 생과일을 섭취함으로써 우리는 그 안에 담긴 모든 비타민과 무기질을 온전히 섭취할 수 있기 때문이다.** <접속사+대명사>

관계부사 when이 만드는 절은 형용사절이다. 따라서 '선행사+when+주어+동사'의 패턴에서 '주어**가** 동사**하는** 선행사'로 번역하는 것이 가능하다. 하지만 관계부사 "when"은 '접속사+부사'이기도 하다. 따라서 "when=and at the time" '**그리고, 그런데, 왜냐하면… etc. 그때**'라고 번역할 수도 있다.

Dinnertime is precious time (when families can discuss their lives.)
저녁시간은 가족들이 그들의 삶에 대해 토론할 수 있는 귀중한 시간이다. <형용사적 성질을 활용한 번역>

Dinnertime is precious time when(=and at the time) families can discuss their lives.
저녁시간은 귀중한 시간이다. 왜냐하면, 그때 가족들은 그들의 삶에 대해서 토론 할 수 있기 때문이다.
<접속사+부사의 성질을 활용한 번역>

Let's Drill!
다음 문장을 다양한 방식으로 번역하시오.

01　Cats are most active in the early evenings, when they do most of their hunting.

어휘 active 활발한

02　There are times when lawyers must hide the facts and lie for their clients.

어휘 time 때, 경우, 시기, 시간, 기간 / client 고객 / lawyer 변호사

03 When times were good, celebrations of gluttony were held in the winter season when stocks could not be refilled.

어휘 gluttony 대식, 폭음 폭식, 과식 / celebration 축하 행사, 의식 / stock 비축, 축적, 재고

Let's Copy!

번역문과 원문을 비교해가며 저자의 번역의도를 파악하시오.

1-A Cats are most active in the early evenings, **when they do most of their hunting.**

> **번역1** 고양이는 (그들이) 주로 사냥을 하는 저녁 무렵에 가장 활동적이다. <형용사적>

1-B Cats are most active in the early evenings, **when(=and at the time) they do most of their hunting.**

> **번역2** 고양이는 저녁 무렵에 가장 활동적인데, 그때 그들은 주로 사냥을 한다. <접속사+부사>

2-A There are times **when lawyers must hide the facts and lie for their clients.**

> **번역1** 변호사들이 사실을 숨기고 의뢰인들에게 거짓말을 해야 하는 때가 있다. <형용사적>

2-B There are times **when(=and at the time) lawyers must hide the facts and lie for their clients.**

> **번역2** 때가 있다. 그리고 그때(=어떤 때) 변호사들은 사실을 숨기고 의뢰인들에게 거짓말을 해야 한다. <접속사+부사>

* "There are times when"를 한 번에 '어떤 때'로 번역하였다.

3-A When times were good, celebrations of gluttony were held in the winter season **when stocks could not be refilled.**

> **번역1** 시기가 좋을 때, 음식을 한꺼번에 지나치게 많이 소비하는 의식이 재고

가 다시 채워질 주 없었던 겨울철에 열렸다. <형용사적>

* gluttony=폭식=음식을 한꺼번에 지나치게 많이 먹음

3-B When times were good, celebrations of gluttony were held in the winter season **when(=and at the time) stocks could not be refilled.** <접속사+부사>

번역2 시기가 좋을 경우, 음식을 한꺼번에 지나치게 많이 소비하는 축하행사가 겨울철에 열렸다. **따라서 그 시기에 재고가 다시 채워질 수 없었다.** <접속사+부사>

Let's Drill!

다음 문장을 다양한 방식으로 번역하시오.

04   Our bodies are machines that were designed in ancient times when our reflexes had to be quicker for survival.

어휘 design 고안하다, ~을 위해 만들다 / reflex 반사 작용

05   Perhaps the day will come when people will no longer be allowed to drive their cars in cities.

어휘 allow 가능하게 하다, 허락하다

06   Think about moments in your life when you have been chosen by someone very special.

어휘 moment 순간, 때, 시기

Let's Copy!

번역문과 원문을 비교해가며 저자의 번역의도를 파악하시오.

4-A Our bodies are machines that were designed in ancient times **when our reflexes had to be quicker for survival.**

> **번역1** 우리의 신체는 (우리의) 반사작용이 생존을 위해서는 더 빨라야 했던 고대에 만들어진 기관이다. <형용사적>

4-B Our bodies are machines that were designed in ancient times **when(=and at the time) our reflexes had to be quicker for survival.**

> **번역2** 우리의 신체는 고대에 만들어진 기관이라 할 수 있는데 그 당시에 우리의 반사행동은 생존하려면 더 빨라야 했다. <접속사+부사>

5-A Perhaps the day will come **when people will no longer be allowed to drive their cars in cities.**

> **번역1** 아마도 사람들이 더 이상 도시에서 자신들의 차를 운전하는 것이 허용되지 않는 날이 올지도 모른다. <형용사적>

5-B Perhaps the day will come **when(=and at the time) people will no longer be allowed to drive their cars in cities.**

> **번역2** 아마도 그날이 올지도 모른다. 그리고 그날이 되면(=어느 시점이 되면) 사람들은 자신들의 자동차를 도시에서 운전하는 것이 더 이상 허용되지 않을 것이다. <접속사+부사>

* "the day will come when"을 한 번에 장악하여 '어느 시점이 되면'이라고 번역할 수 있다.

6-A Think about moments in your life **when you have been chosen by someone very special.**

> **번역1** 당신이 인생에서 당신이 아주 특별한 누군가에게 선택받았던 순간들을 생각해봐라. <형용사적>

6-B Think about moments in your life **when(=and at the time) you have been chosen by someone very special.**

> **번역2** 당신의 인생에서 어떤 시기들을 생각해 봐라, (그리고) 그때에 당신은 아주 특별한 누군가에게 선택받았다. <접속사+부사>

Let's Drill!

다음 문장을 다양한 방식으로 번역하시오.

07 Julia recalled the first day of school when she had stood in that same place, in the middle of many anxious freshmen, some of whom had become her closest friends.

어휘 anxious 불안한, 걱정스러운

08 Think about times when everyone is home, when other matters are not too urgent, when family members are relaxed, and when there are no immediate distractions.

어휘 home 자기 집에 / matter 문제, 일, 사안 / relaxed 여유 있는, 느긋한 / distraction 정신을 산만하게 하는 것

09 We strive towards the day when nations will be judged not by their military or economic strength, but by the well-being of their children.

어휘 strive 노력하다, 애쓰다 / towards ~을 향하여 / judge 판단하다, 평가하다

번역문과 원문을 비교해가며 저자의 번역의도를 파악하시오.

7-A Julia recalled the first day of school **when she had stood in that same place, in the middle of many anxious freshmen,** some of whom had become her closest friends.

> (번역1) 줄리아는 **자신이 불안해 보이는 많은 신입생들과 같은 곳에 한데 섞여서 있던 등교 첫날**을 떠올렸다. 그리고 그들 중 일부는 그녀의 가장 가까운 친구가 되었다. <형용사적>

7-B Julia recalled the first day of school **when(=and at the time) she had stood in that same place, in the middle of many anxious freshmen,** some of whom had become her closest friends.

> (번역2) 줄리아는 등교 첫날을 떠올렸는데, **그때 그녀는 불안해 보이는 많은 신입생들과 같은 곳에 한데 섞여 있었다.** 그리고 그들 중 일부는 그녀의 가장 가까운 친구가 되었다. <접속사+부사>

* some of whom = 접속사+대명사의 성질을 활용하여 "and some of them" '그런데 그들 중 일부는' 이라고 번역하였다.

8-A Think about times **when everyone is home, when other matters are not too urgent, when family members are relaxed, and when there are no immediate distractions.**

> (번역1) **모두가 집에 있고 다른 일들이 그렇게 급하지 않고, 가족구성원들이 편안한 상태이며, 당장에 정신을 산만하게 하는 것들이 없는** 시간을 생각해라. <형용사적>

8-B Think about times when(=and at the time) everyone is home, when(=and at the time) other matters are not too urgent, when(=and at the time) family members are relaxed, and when (=and at the time) there are no immediate distractions.

번역2 어느 시기를 머릿속에 그려보자. 그런데 그때, 모두가 집에 있고 다른 일들이 그렇게 급하지 않고, 가족구성원들이 편안한 상태이며, 당장에 정신을 어지럽히는 것들이 없다. <접속사+부사>

9-A We strive towards the day when nations will be judged not by their military or economic strength, but by the well-being of their children.

번역1 우리는 국가가 군사력, 혹은 경제력에 의해서 판단되는 것이 아니라 그 나라의 아이들의 행복에 의해서 판단되는 그날을 향해 가려 한다. <형용사적>

9-B We strive towards the day when(=and at the time) nations will be judged not by their military or economic strength, but by the well-being of their children.

번역2 우리는 그날을 향해 가려 한다. 그리고 그 날이 되면 국가는 군사력, 혹은 경제력에 의해서 판단되는 것이 아니라 그 나라의 아이들의 행복에 의해서 판단될 것이다. <접속사+부사>

Let's Drill!

다음 문장을 다양한 방식으로 번역하시오.

10 The year when the fewest hurricanes were predicted to occur saw the highest number of hurricanes.

어휘 occur 발생하다 / predict 예상하다 / the number of ~의 수

11 We receive so many cards during a season when we have too little time to read them.

어휘 receive 받다

12 Urbanization has been taking place since the Neolithic Revolution, when agriculture enabled food surpluses to create a division of labor in settlements.

어휘 urbanization 도시화 / take place 열리다, 일어나다, 생기다 / neolithic 신석기 시대의 / agriculture 농업, 축산 / surplus 나머지, 잉여, 과잉 / division of labor 분업 / settlement 개척지, 이주지, 식민지

Let's Copy!

번역문과 원문을 비교해가며 저자의 번역의도를 파악하시오.

10-A The year **when the fewest hurricanes were predicted to occur** saw the highest number of hurricanes.

> **번역1** 가장 적은 허리케인이 발생할 것이라고 예상된 해에 가장 많은 허리케인을 만났다. <형용사적>

10-B The year **when the fewest hurricanes were predicted to occur** saw the highest number of hurricanes.

> = **At the year,** the fewest hurricanes were predicted to occur **and** the year saw the highest number of hurricanes.

> **번역2** 그 해에는 가장 적은 허리케인이 발생할 것으로 예상되었지만 가장 많은 허리케인이 있었다. <접속사+부사>

* "and"의 의미는 앞서 언급하였듯이 문맥에 따라 유연하게 번역해야 한다.

11-A We receive so many cards during a season **when we have too little time to read them.**

> **번역1** 우리는 (우리가) 카드를 읽을 시간이 거의 없는 시기에 매우 많은 카드를 받는다. <형용사적>

11-B We receive so many cards during a season **when(=and at the time) we have too little time to read them.**

> **번역2** 우리는 매우 많은 카드를 특정 기간에 받는데, 그 시기에 우리는 그것들을 읽을 시간이 거의 없다.

12-A Urbanization has been taking place since the Neolithic Revolution, **when agriculture enabled food surpluses to create a division of labor in settlements.**

> **번역1** 도시화는 **농업이 잉여생산을 통해 정착지에서 분업이 생겨나는 것을 가능하게 했던** 신석기 혁명 이후로 일어나고 있다. <형용사적>

12-B Urbanization has been taking place since the Neolithic Revolution, when(=and at the time) agriculture enabled food surpluses to create a division of labor in settlements.

> **번역2** 도시화는 신석기 혁명 이후로 일어나고 있는데, 그 당시에 농업은 잉여생산을 통해 정착지에서 분업이 생겨나는 것을 가능하게 했다. <접속사+부사>

관계부사 where가 만드는 절은 형용사절이다. 따라서 '선행사+ where+주어+동사'의 패턴에서 '주어**가** 동사**하는** 선행사'로 번역하는 것이 가능하다. 하지만 관계부사 "where" 은 '접속사+부사'이기도 하다. 따라서 "where = and there/here" **'그리고, 그런데 그곳 (이곳)에서'** 라고 번역할 수도 있다.

This is the restaurant (where people can eat buffet-style.)
이곳은 사람들이 뷔페식으로 먹을 수 있는 식당이다. <형용사적 성질을 반영한 번역>

This is the restaurant where(=and here) people can eat buffet-style.
이곳은 레스토랑이다. 그런데 여기에서 사람들은 뷔페식으로 식사를 할 수 있다.
=이 레스토랑에서 사람들은 뷔페식으로 식사를 할 수 있다. <접속사+부사의 성질을 반영한 번역>

Let's Drill!
다음 문장을 다양한 방식으로 번역하시오.

01 Do you happen to live in a fast-paced city, where you feel in a constant hurry?

어휘 happen (우연히)~하다 / fast-paced 빨리 진행되는 / constant 끊임없는

02 This is the opposite process from regular auctions, where an item starts at a minimum price.

어휘 opposite 반대의 / process 과정 / regular 일반적인, 평범한

03 Devoted dog refuses to move from a spot where owner was killed in car crash 18 months ago.

어휘 devoted 충성심이 높은 / refuse 거절하다 / spot 자리, 곳, 장소

Let's Copy!

번역문과 원문을 비교해가며 저자의 번역의도를 파악하시오.

1-A Do you happen to live in a fast-paced city, **where you feel in a constant hurry**?

> **번역1** 혹시 당신은 **(당신이) 계속 바쁘다고 느끼는** 빠른 속도의 도시에 살고 있는가? <형용사적>

1-B Do you happen to live in a fast-paced city, **where(=and there) you feel in a constant hurry**?

> **번역2** 혹시 당신은 빠른 속도의 도시에 살고 있는가? **그런데 거기에서 당신은 끝없이 바쁘다고 생각할 것이다.** <접속사+부사>

2-A This is the opposite process from regular auctions, **where an item starts at a minimum price.**

> **번역1** 이는 **어떤 물건이 최저가로 시작하는** 일반적인 경매와는 반대의 과정이다. <형용사적>

2-B This is the opposite process from regular auctions, **where(=and there) an item starts at a minimum price.**

> **번역2** 이는 일반적인 경매와는 반대의 과정인데, **보통의 경매에서는 어떤 물건이 최저가로 시작한다.** <접속사+부사>

3-A Devoted dog refuses to move from a spot **where owner was killed in car crash 18 months ago.**

> **번역1** 충성심이 높은 개는 **주인이 18개월 전에 자동차 사고로 죽었던** 장소에서 움직이지 않고 버텼다. <형용사적>

3-B Devoted dog refuses to move from a spot **where(=and there)** **owner** **was** killed in car crash 18 months ago.

번역2 충성심이 높은 개는 한 장소에서 움직이지 않고 버텼는**데, 거기에서 주** 인이 18개월 전에 자동차 사고로 죽었다. <접속사+부사>

Let's Drill!

다음 문장을 다양한 방식으로 번역하시오.

04 My four little children will one day live in a nation where they will not be judged by the color of their skin.

어휘 judge 판단하다, 평가하다

05 Ehret's reputation for scientific accuracy gained him many commissions from wealthy patrons, particularly in England, where he eventually settled.

어휘 reputation 명성, 평판 / accuracy 정확도, 면밀 / commission 의뢰, 주문, 임무, 수수료 / patron 후원자, 고객

06 Dr. Paul Odland and his friend Bob travel frequently to South America, where they provide free medical treatment for disabled children of poor families.

어휘 disabled 장애의, 신체장애가 있는

Let's Copy!

번역문과 원문을 비교해가며 저자의 번역의도를 파악하시오.

4-A My four little children will one day live in a nation **where they will not be judged by the color of their skin.**

> **번역1** 나의 네 명의 작은 아이들은 언젠가 **그들이 피부색에 의해 판단받지 않을** 나라에서 살게 될 것이다. <형용사적>

4-B My four little children will one day live in a nation **where(=and there) they will not be judged by the color of their skin.**

> **번역2** 나의 네 명의 어린 아이들은 언젠가 어느 나라에 살게 될 것**인데, 그곳에서 그들은 피부색에 의해서 판단받지 않을 것이다.** <접속사+부사>

5-A Ehret's reputation for scientific accuracy gained him many commissions from wealthy patrons, particularly in England, **where he eventually settled.**

> **번역1** 에럿의 과학적 정확성에 대한 평판은 그에게 부유한 고객들로부터의 많은 의뢰를 받게 해주었다. 특히 **그가 최종적으로 정착한** 잉글랜드에서 그러했다. <형용사적>

5-B Ehret's reputation for scientific accuracy gained him many commissions from wealthy patrons, particularly in England, **where(=and there) he eventually settled.**

> **번역2** 에럿의 과학적 정확성에 대한 명성은 그에게 부유한 고객들로부터의 많은 의뢰를 받게 해주었다. 특히 잉글랜드에서 그러했기**에, 그는 결국 그곳에 정책했다.** <접속사+부사>

6-A Dr. Paul Odland and his friend Bob travel frequently to South America, where they provide free medical treatment for disabled children of poor families.

번역1 폴 오드랜드 박사와 그의 친구 밥은 **그들이 가난한 가정의 장애가 있는 아이들에게 무료진료를 제공하는** 남미로 자주 여행한다. <형용사적>

6-B Dr. Paul Odland and his friend Bob travel frequently to South America, where(=and there) they provide free medical treatment for disabled children of poor families.

번역2 폴 오드랜드 박사와 그의 친구 밥은 남미로 자주 여행한다. 그리고 거기에서 그들은 가난한 가정의 장애가 있는 아이들에게 무료 진료를 제공한다. <접속사+부사>

Let's Drill!

다음 문장을 다양한 방식으로 번역하시오.

07 It is not likely that men's hair dyes designed to "get out the gray" will spread into parts of rural Africa where a person's status is elevated with advancing years.

> **어휘** dye 염색약, 염료 / get out 없애다 / rural 시골의 / elevate 높이다 / advance [시간이]지나다

08 Playing games together allows kids a safe place where they practice getting along, follow rules, and learn how to be graceful in defeat.

> **어휘** get along 사이좋게 지내다, 어울리다 / graceful 우아한, 점잖은, 품위를 지키는, (언동이) 깨끗한 / defeat 좌절, 실패, 패배 / allow 주다, 지급하다

09 A couple took wedding photos at Costco in the aisle where they met, and the superstore has never looked more romantic.

> **어휘** aisle 통로, 매장 / romantic 낭만적인, 로맨틱한

Let's Copy!

번역문과 원문을 비교해가며 저자의 번역의도를 파악하시오.

7-A It is not likely that men's hair dyes designed to "get out the gray" will spread into parts of rural Africa **where a person's status is elevated with advancing years.**

> **번역1** '흰 머리 없애기'를 위해 고안된 머리 염색약은 **사람이 나이가 들면서 한 사람의 지위가 높아지는** 아프리카의 시골 지역에서는 널리 퍼질 가능성이 없다. <형용사적>

7-B It is not likely that men's hair dyes designed to "get out the gray" will spread into parts of rural Africa **where(=and there) a person's status is elevated with advancing years.**

> **번역2** 머리 염색약이 '흰 머리 없애기'를 위해서 고안되었다면 아프리카의 시골 지역에서는 확산될 가능성이 없다. **왜냐하면 그곳에서는 한 사람의 지위가 해가 지날수록 높아지기 때문이다.** <접속사+부사>

8-A Playing games together allows kids a safe place **where they practice getting along, follow rules, and learn how to be graceful in defeat.**

> **번역1** 함께 경기를 하는 것은 **아이들이 사이좋게 지내는 것을 연습하고 규칙을 따르며, 패배 속에서도 깔끔할 수 있는 방법을 배우는** 안전한 공간을 제공한다. <형용사적>

8-B Playing games together allows kids a safe place **where(=and there) they practice getting along, follow rules, and learn how to be graceful in defeat.**

> **번역2** 함께 경기를 하는 것은 아이들에게 안전한 장소를 제공해주는데, **거기에서 그들은 사이좋게 지내는 것을 연습하고, 규칙을 따르며, 패배 속에서**

도 품위를 유지할 수 있는 방법을 배운다. <접속사+부사>

9-A A couple took wedding photos at Costco in the aisle **where they met,** and the superstore has never looked more romantic.

> 번역1 한 커플은 **그들이 만난** 코스트코의 통로에서 사진을 찍었는데, 그 대형 마켓이 그렇게 낭만적일 수 없었다. <형용사적>

9-B A couple took wedding photos at Costco in the aisle **where(=and there) they met,** and the superstore has never looked more romantic.

> 번역2 한 커플은 코스트코의 통로에서 사진을 찍었는**데, 그곳에서 그들이 만났 었다.** 그 탓에 그 대형마켓이 그렇게 낭만적일 수 없었다. <접속사+부사>

Let's Drill!

다음 문장을 다양한 방식으로 번역하시오.

10 The 2019 Fitness EXPO is an annual event where you can experience new wellness products and enjoy fitness classes, competitions, and a lot more.

어휘 annual 연간의, 연례의 / event 행사 / wellness 건강(관리) / fitness 건강, 운동 / competition 대회, 경기

11 Technology will move the giant Western economies into a post-industrial phase where humans will be liberated from work and many, in time, will emigrate to space.

어휘 technology 과학기술, 기술 / post industrial 탈공업의, 후기 산업의 / phase 단계, 상태, 시기, 국면 / liberate 해방하다, 자유롭게 하다, 벗어나다 / emigrate 이민하다, 이주하다 / in time 조만간 / space 우주

12 In a culture where a heat-shaped symbol has no known meaning, it is unlikely to get a response, or it may get a different response. In other words, a symbol is understood only because there are shared conventional meanings.

어휘 symbol 상징, 기호, 모양 / conventional 전통적인, 진부한

번역문과 원문을 비교해가며 저자의 번역의도를 파악하시오.

10-A The 2019 Fitness EXPO is an annual event **where you can experience new wellness products and enjoy fitness classes, competitions, and a lot more.**

> **번역1** 2019 휘트니스 엑스포는 **당신이 새로운 건강식품을 체험할 수 있고 각 종 운동수업, 대회 등을 즐길 수 있는** 연례행사이다. <형용사적>

10-B The 2019 Fitness EXPO is an annual event **where(=and there) you can experience new wellness products and enjoy fitness classes, competitions, and a lot more.**

> **번역2** 2019 휘트니스 엑스포는 연례행사인데, **거기에서 당신은 새로운 건강식 품들을 체험할 수 있고 각종 운동수업, 대회 등을 즐길 수 있다.** <접속 사+부사>

11-A Technology will move the giant Western economies into a post-industrial phase **where humans will be liberated from work and many, in time, will emigrate to space.**

> **번역1** 과학기술은 거대한 서양경제를 **인간이 일에서 해방되고 조만간 많은 사 람들이 우주로 이주할** 탈공업화 국면으로 이동시킬 것이다. <형용사적>

11-B Technology will move the giant Western economies into a post-industrial phase **where(=and there) humans will be liberated from work and many, in time, will emigrate to space.**

> **번역2** 과학기술은 거대한 서양경제를 산업 후 단계로 이동시킬 터인데, **거기에 서 인간은 노동에서 자유로워지고 머지않아 많은 사람들이 우주로 이주 할 것이다.** <접속사+부사>

12-A In a culture **where a heat-shaped symbol has no known meaning**, it is unlikely to get a response, or it may get a different response. In other words, a symbol is understood only because there are shared conventional meanings.

> **번역1** 심장 모양의 기호가 알려진 의미를 갖지 않는 어떤 문화에서, 그것은 반응을 얻지 못하거나 다른 반응을 얻을 수 있다. 다시 말해서, 어느 기호는 공유된 관습적인 의미들이 있을 경우에만 이해된다. <형용사적>

12-B In a culture **where(=and there) a heat-shaped symbol has no known meaning**, it is unlikely to get a response, or it may get a different response. In other words, a symbol is understood only because there are shared conventional meanings.

> **번역2** 어떤 문화에서, **그런데 거기서 (=어떤 문화에서는)** 심장 모양의 상징이 **알려진 의미를 갖지 않는데**, 반응을 얻기 못하거나, 다른 반응을 얻을 수 있다. 다시 말해서, 어떤 상징은 공유되는 관습적인 의미들이 있을 경우에만 이해된다. <접속사+부사>

* "In a culture where"를 '어떤 문화에서는'이라고 한 번에 장악하여 번역하였다.

Let's Drill!

다음 문장을 다양한 방식으로 번역하시오.

13 Morels are highly distinctive and especially delicious mushrooms that pop up briefly at the height of spring and are found in woodlands where one can also see spring wildflowers and new foliage.

어휘 morel 곰보버섯 / distinctive 독특한 / pop up 불쑥 나타나다 / briefly 일시적으로 / at the height of ~이 한창일 때에 / woodland 삼림지대 / foliage 잎, 단풍

14 Because the Internet is free space where anybody can post anything, it can be full of all sorts of useless data.

어휘 post 올리다, 게시하다

15 Now teachers should realize that their students will be using mathematics in a world where calculators, computers, and other forms of technology are readily available.

어휘 calculator 계산기 / readily 쉽게

Let's Copy!

번역문과 원문을 비교해가며 저자의 번역의도를 파악하시오.

13-A Morels are highly distinctive and especially delicious mushrooms that pop up briefly at the height of spring and are found in woodlands **where one can also see spring wildflowers and new foliage.**

> **번역1** 곰보버섯은 봄이 한창일 때 잠깐 나고 (사람들이) **봄 야생화와 새로운 나뭇잎들을 또한 볼 수 있는** 삼림 지대에서 발견되는 유난히 독특하고 특별히 맛있는 버섯이다. <형용사적>

13-B Morels are highly distinctive and especially delicious mushrooms that(=and they) pop up briefly at the height of spring and are found in woodlands **where(=and there) one can also see spring wildflowers and new foliage.**

> **번역2** 곰보버섯은 매우 독특하고 특별히 맛있는 버섯인데, 봄이 한창일 때 잠깐 나고 삼림지대에서 발견된다. 그런데 그곳에서 (사람들은) **봄 야생화와 새로운 나뭇잎들도 함께 볼 수 있다.** <접속사+부사>

14-A Because the Internet is free space **where anybody can post anything,** it can be full of all sorts of useless data.

> **번역1** 인터넷은 **누구나 어떤 글이라도 올릴 수 있는** 자유로운 공간이기 때문에, 온갖 쓸모없는 데이터로 가득할 수 있다. <형용사적>

14-B Because the Internet is free space **where(=and there) anybody can post anything,** it can be full of all sorts of useless data.

> **번역2** 인터넷은 자유로운 공간이며 거기에서 **누구나 어떤 글이라도 올릴 수 있다.** 따라서 온갖 쓸모없는 데이터로 가득할 수 있다. <접속사+부사>

15-A Now teachers should realize that their students will be using mathematics in a world **where calculators, computers, and other forms of technology are readily available.**

> (번역1) 이제 교사들은 학생들이 **계산기, 컴퓨터, 그리고 다른 형태의 기술을 손쉽게 이용할 수 있는** 세상에서 수학을 활용할 것임을 파악해야 한다. <형용사적>

15-B Now teachers should realize that their students will be using mathematics in a world **where(=and there) calculators, computers, and other forms of technology are readily available.**

> (번역2) 이제 교사들은 학생들이 어떠한 세상에서 수학을 하게 될 것인지를 깨달아야 하는데, 그곳에서는 계산기, 컴퓨터, 그리고 다른 형태의 기술이 손쉽게 활용될 수 있을 것이다. <접속사+부사>

Let's Drill!

다음 문장을 다양한 방식으로 번역하시오.

16 John Snow mapped out all the cases of cholera from the most recent outbreak and investigated the water supplies of homes and businesses where cholera had not caused any deaths.

> **어휘** map out ~을 세밀히 나타내다 / case 경우, 사례 / outbreak 발생, 발발, 발병 / investigate 조사하다

17 Creative thinking is fostered in classrooms where children are given opportunities to explore new materials and ideas, play with these materials or ideas, and construct new knowledge and skills.

> **어휘** foster 육성하다, 증진하다 / explore 탐구하다, 탐험하다, 연구하다 / construct 만들다, 건설하다

Let's Copy!

번역문과 원문을 비교해가며 저자의 번역의도를 파악하시오.

16-A John Snow mapped out all the cases of cholera from the most recent outbreak and investigated the water supplies of homes and businesses **where cholera had not caused any deaths.**

> **번역1** 존 스노우는 가장 최근에 발병한 모든 콜레라의 사례를 세밀히 나타냈고 **콜레라가 어떠한 사망도 야기하지 않은** 가정과 업체의 물 공급에 대해 조사했다. <형용사적>

16-B John Snow mapped out all the cases of cholera from the most recent outbreak and investigated the water supplies of homes and businesses **where(=and there) cholera had not caused any deaths.**

> **번역2** 존 스노우는 가장 최근에 발병한 모든 콜레라의 사례를 세밀히 나타냈고 (특정) 가정과 업체의 물 공급에 대해 조사했는**데, 그곳에서는 콜레라가 어떠한 사망도 발생시키지 않았다.** <접속사+부사>

17-A Creative thinking is fostered in classrooms **where children are given opportunities to explore new materials and ideas, play with these materials or ideas, and construct new knowledge and skills.**

> **번역1** 창의적인 생각은 **아이들이 새로운 자료와 생각들을 탐구하고 이러한 자료들과 생각들을 함께 활용하며, 새로운 지식과 기술을 만드는** 교실에서 길러진다. <형용사적>

17-B Creative thinking is fostered in classrooms **where(=and there) children are given opportunities to explore new materials and ideas, play with these materials or ideas, and construct new knowledge and skills.**

> **번역2** 창의적 사고는 어떤 교실에서 증진되는데, 그곳에서 아이들은 새로운 자

료와 생각들을 탐구하고 이러한 자료들과 생각들을 같이 활용하며, 새로운 지식과 기술을 기르게 된다. <접속사+부사>

형용사의 역할을 하는 문법적 요소에는 관계사절 이외에도 분사(구)도 존재한다. 분사가 단독으로 명사를 수식하는 경우 명사 앞에 위치하게 되는데 한국어 어순과 차이점이 없기 때문에 순차적으로 번역하는 데 큰 어려움이 없다. 반면에 분사가 명사 뒤에 위치하는 경우 [명사+현재분사(v-ing)] '~하는', '~하고 있는'이라고 올려서 번역하는 경우가 일반적이기 때문에 순차적으로 의미를 파악하기는 어렵다. 예컨대, "Tom gave me a letter **saying** sorry"의 문장을 '톰은 미안하다고 **말하는** 편지를 나에게 주었다'라고 번역한다.

하지만 "Tom gave me a letter **saying** sorry." ⇨ "Tom gave me a letter **which is saying(or says)** sorry. ⇨ Tom gave me a letter, **and it is saying(or says)** sorry"는 의미상 등가를 이루며, '톰은 나에게 편지를 주었는**데**, (그것은) 미안하다고 **말하고(쓰여)있(었)다**'라고 번역할 수 있다.

따라서 현재분사를 '주격관계대명사+동사'로 전환하여 '**그리고, 그런데 (명사는) ~하다, ~하고 있다(면)**'라고 번역할 수 있는 것이다.

The students (waiting for the train) are chatting with each other.
열차를 기다리고 있는 학생들은 서로 수다를 떨고 있다. <현재분사의 형용사적 성질을 활용한 번역>

The students waiting for the train are chatting with each other.
=The students which are waiting for(or wait for) the train are chatting with each other.
=The students are waiting for(wait for) the train, and they are chatting with each other.
학생들이 열차를 기다리고 있는데, 서로 수다를 떨고 있는 중이다.
=학생들이 열차를 기다리며 서로 수다를 떨고 있다.
<현재분사와 주격관계대명사+be동사의 의미상 등가를 활용한 번역>

Let's Drill!

다음 문장을 다양한 방식으로 번역하시오.

01 English is the first or official language of forty-five countries covering one-fifth of the earth's land surface.

어휘 cover 덮다, 가리다 / surface 표면

02 Reading is an incredibly complex psycholinguistic activity involving not only letter sounds, but also comprehension.

어휘 incredibly 믿을 수 없게, 엄청나게, 매우 / psycholinguistic 언어 심리학 / involve 관련되다, 포함하다

03 A suitable insurance policy should provide coverage for medical expenses arising from illness, or accident during the vacation.

어휘 suitable 적절한, 알맞은 / insurance 보험 / expense 비용, 지출

Let's Copy!

번역문과 원문을 비교해가며 저자의 번역의도를 파악하시오.

1-A English is the first or official language of forty-five countries **covering one-fifth of the earth's land surface.**

> **번역1** 영어는 **지구 지표면의 5분의 1을 차지하는** 45개국의 모국어 혹은 공용어이다. <형용사적>

1-B English is the first or official language of forty-five countries **covering(=which cover) one-fifth of the earth's land surface.**

> **번역2** 영어는 45개국의 모국어 혹은 공용어인데, **그 국가들은 지구 지표면의 5분의 1을 차지한다.** <관계사로 전환>

2-A Reading is an incredibly complex psycholinguistic activity **involving not only letter sounds, but also comprehension.**

> **번역1** 독서는 **문자에 대한 소리뿐만 아니라 이해와도 관련된** 믿을 수 없을 정도로 복잡한 정신언어 활동이다. <형용사적>

2-B Reading is an incredibly complex psycholinguistic activity **involving(=which involves) not only letter sounds, but also comprehension.**

> **번역2** 독서는 믿을 수 없을 정도로 복잡한 정신언어 활동인데, **문자에 대한 소리뿐만 아니라 이해와도 관련된다.** <관계사로 전환>

3-A A suitable insurance policy should provide coverage for medical expenses **arising from illness, or accident during the vacation.**

> **번역1** 적절한 보험정책은 **질병이나 휴가동안의 사고로부터 발생하는** 의료지출에 대한 보장을 제공해야 한다. <형용사적>

3-B A suitable insurance policy should provide coverage for medical expenses arising(=which arise) from illness, or accident during the vacation.

번역2 적절한 보험정책은 의료비용에 대한 보장을 제공해야 하는데, 이 비용은 질병이나 휴가동안의 사고로부터 발생한다. <관계사로 전환>

Let's Drill!

다음 문장을 다양한 방식으로 번역하시오.

04 In 2008, American food and wine critics studies the results of thousands of blind tastings of wines ranging from $2 to $150 a bottle.

어휘 critic 비평가, 감정가 / range ~에 이르다, 걸치다

05 Many mammals living in cold climates tend to sleep a lot, often in insulating burrow.

어휘 mammal 포유류 / climate 기후 / burrow 굴, 은신처 / insulate 단열하다, 분리하다, 격리하다

06 A government policy restricting the use of plastic bags is gradually taking root, especially among large discount stores and retailers.

어휘 restrict 제한하다, 규제하다 / plastic bag 비닐봉지 / gradually 점진적으로, 서서히 / take root 뿌리를 내리다, 정착하다

Let's Copy!

번역문과 원문을 비교해가며 저자의 번역의도를 파악하시오.

4-A In 2008, American food and wine critics studies the results of thousands of blind tastings of wines **ranging from $2 to $150 a bottle.**

> **번역1** 2008년에 미국의 음식과 와인 비평가들은 **병당 2달러에서 150달러에 이르는** 수천 가지 와인에 대한 블라인드 테스팅의 결과를 연구했다. <형용사적>

4-B In 2008, American food and wine critics studies the results of thousands of blind tastings of wines **ranging(=which range) from $2 to $150 a bottle.**

> **번역2** 2008년에 미국의 음식과 와인 비평가들은 수천가지 와인에 대한 블라인드 테스팅의 결과를 연구했는데, **와인의 가격은 병당 2달러에서 150달러에 이른다.** <관계사로 전환>

5-A Many mammals **living in cold climates** tend to sleep a lot, often in insulating burrow.

> **번역1** **추운 기후에 사는** 많은 포유류들은 흔히 단열 처리된 은신처에서 많은 수면을 취하는 경향이 있다. <형용사적>

5-B Many mammals **living(=which live) in cold climates** tend to sleep a lot, often in insulating burrow.

= Many mammals, **if they live in cold climates,** tend to sleep a lot, often in insulating burrow.

> **번역2** 많은 포유류들이 **추운 기후에 산다면** 흔히 단열 처리된 굴에서 수면을 많이 취하는 경향이 있다. <관계사로 전환>

6-A A government policy **restricting the use of plastic bags** is gradually taking root, especially among large discount stores and retailers.

> **번역1** 비닐봉투의 사용을 규제하는 정부의 정책이 서서히 뿌리를 내리고 있다. 특히 대형 할인매장과 소매점에서 그러하다. <형용사적>

6-B A government policy **restricting(=which restricts) the use of plastic bags** is gradually taking root, especially among large discount stores and retailers.

= It(=A government policy) restricts the use of plastic bags, and a government policy(=it) is gradually taking root, especially among large discount stores and retailers.

> **번역2** 정부정책은 **비닐봉투의 사용을 규제하는 것인데**, 서서히 뿌리를 내리고 있다. 특히 대형 할인매장과 소매점에서 그러하다. <관계사로 전환>

Let's Drill!

다음 문장을 다양한 방식으로 번역하시오.

07   The parents urgently seeking a babysitter could put their immediate efforts into convincing a friend or family member to help out for a week or two.

어휘 urgently 급히 / babysitter 보모, 아기 보아주는 사람 / help out 거들다, 돕다

08   Counselors working with children need patience. Only when they are ready to open themselves up can children be invited to tell their story.

어휘 counselor 상담사

09   Most of the oldest trees surrounding George Washington's home at Mount Vernon have died over the past century, and only thirteen percent of the trees planted under Washington's direction are left.

어휘 surround 둘러싸다 / plant 심다 / direction 지시

Let's Copy!

번역문과 원문을 비교해가며 저자의 번역의도를 파악하시오.

7-A The parents **urgently seeking a babysitter** could put their immediate efforts into convincing a friend or family member to help out for a week or two.

> **번역1** 아이 봐 줄 사람을 **급하게 찾고 있는** 부모들은 당장의 노력을 들여, 한 두 주 동안 도와달라고 친구나 가족구성원들을 설득하려 할 수 있다. <형용사적>

7-B The parents **urgently seeking(=which urgently seek) a babysitter** could put their immediate efforts into convincing a friend or family member to help out for a week or two.

= The parents, **if they urgently seek a babysitter,** could put their immediate efforts into convincing a friend or family member to help out for a week or two.

> **번역2** 부모들이 (만약) **보모를 급히 찾고 있다면**, 당장의 노력을 통해 친구나 가족 구성원들을 설득하여 한 두 주 동안 도와달라고 할 수 있다. <관계 사로 전환>

8-A Counselors **working with children** need patience. Only when they are ready to open themselves up can children be invited to tell their story.

> **번역1** 아이들과 **함께 일하는** 상담 교사는 인내심이 필요하다. 아이들이 스스로 마음을 터놓을 준비가 되어있어야만 아이에게 자신의 이야기를 하도록 요청할 수 있을 것이다. <형용사적>

8-B Counselors **working(=which work) with children** need patience. Only when they are ready to open themselves up can children be invited to tell their story.

= Counselors, **if they work with children,** need patience. Only when they are ready to open themselves up can children be invited to tell their story.

번역2 상담교사가 **아이들과 일한다면** 인내심이 필요하다. 아이들이 스스로 마음을 터놓을 준비가 되어있을 경우에만 아이들은 자신의 이야기를 하도록 하는 요구를 받아들일 수 있다. <관계사로 전환>

9-A Most of the oldest trees **surrounding George Washington's home at Mount Vernon** have died over the past century, and only thirteen percent of the trees planted under Washington's direction are left.

번역1 **마운트버넌에 있는 조지 워싱턴의 집을 둘러싸고 있는** 대부분의 고목들은 지난 세기 동안 죽었고, 워싱턴의 지시에 따라 심은 나무들 중 13퍼센트만이 남아 있다. <형용사적>

9-B Most of the oldest trees **surrounding(=which surround) George Washington's home at Mount Vernon** have died over the past century, and only thirteen percent of the trees planted under Washington's direction are left.

= **They(=Most of the oldest trees) surround George Washington's home at Mount Vernon, and** most of the oldest trees(=they) have died over the past century, and only thirteen percent of the trees planted under Washington's direction are left.

번역2 가장 오래된 나무들의 대부분이 **마운트버넌에 있는 조지 워싱턴의 집을 둘러싸고 있었는데,** 지난 세기 동안 죽었고, 워싱턴의 지시에 따라 심은 나무들 중 13퍼센트만이 남아 있다. <관계사로 전환>

과거분사도 현재분사와 마찬가지로 명사를 뒤에서 꾸며주는 '명사+과거분사(p.p.)'의 패턴에서 과거분사를 **'~된'**, **'~진'**, **'~받은'**이라고 번역하는 경우가 일반적이다. 예컨대, "Titanium dioxide is a safe material **found** in soil"의 문장을 '이산화 티탄은 흙에서 **발견되는** 안전한 재료이다'로 번역할 수 있다.

하지만 "Titanium dioxide is a safe material **found** in soil." ⇨ "Titanium dioxide is a safe material **that is found** in soil. ⇨ Titanium dioxide is a safe material **and it is found** in soil"는 의미상 등가를 이루며, '이산화 티탄은 흙에서 **발견되는데,** 안전한 재료이다'로 번역할 수 있다.

따라서 과거분사를 '주격관계대명사+동사'로 전환하여 **'그리고, 그런데 (주어는) ~되다, 지다, 받다'**로 번역할 수 있는 것이다.

Good habits (formed in youth) make all the difference.
젊어서 형성된 좋은 습관들은 큰 변화를 가져온다. <현재분사의 형용사적 성질을 활용한 번역>

Good □habits formed in youth make all the difference.
=Good habits that are formed in youth make all the difference.
=Good habits are formed in youth, and they make all the difference.
=If good habits are formed in youth, they make all the difference.
좋은 습관이 젊어서 만들어 진다면(=형성된다면) 큰 변화를 가져온다.
<과거분사와 주격관계대명사절과의 의미상 등가를 활용한 번역>

Let's Drill!

다음 문장을 다양한 방식으로 번역하시오.

01 Many large cities have very tall buildings called skyscrapers.

어휘 skyscraper 초고층 빌딩, 마천루

02 Plenty of Britons still aim to speak the most prestigious of English accents called Received Pronunciation (RP).

어휘 Received Pronunciation (영국 영어의) 표준 발음 / prestigious 유명한, 명성이 있는

03 The most valuable pearls are the round ones seen in jewelry stores, but some are uneven or flat in shape.

어휘 pearl 진주 / round 둥근 / uneven 고르지 않은 / flat 평평한

Let's Copy!

번역문과 원문을 비교해가며 저자의 번역의도를 파악하시오.

1-A Many large cities have very tall buildings **called skyscrapers.**

번역1 많은 대도시들은 **마천루라고 불리는** 아주 높은 건물들을 가지고 있다.
<형용사적>

1-B Many large cities have very tall buildings **(which are) called skyscrapers.**

번역2 많은 대도시들은 아주 높은 건물들을 가지고 있는데 **그것들은 마천루라**
고 불린다. <관계사로 전환>

2-A Plenty of Britons still aim to speak the most prestigious of English accents
called Received Pronunciation (RP).

번역1 많은 영국인들은 아직도 **'표준발음'이라고 불리는** 가장 권위 있는 영어
억양을 말하는 것을 목표로 두고 있다. <형용사적>

2-B Plenty of Britons still aim to speak the most prestigious of English accents
(which are) called Received Pronunciation (RP).

번역2 많은 영국인들은 아직도 가장 권위 있는 영어 억양을 말하는 것을 목표
로 삼고 있는데 **이는 '표준 발음'이라고 불린다.** <관계사로 전환>

3-A The most valuable pearls are the round ones **seen in jewelry stores,** but
some are uneven or flat in shape.

번역1 가장 값진 진주는 보석상에서 **보이는** 둥근 **것**이지만 어떤 것은 모양이
고르지 않거나 납작하다. <형용사적>

3-B The most valuable pearls are the round ones **(which are) seen in jewelry stores,** but some are uneven or flat in shape.

번역2 가장 값진 진주는 둥근 것인데, **보석상에서 보인다.** 하지만 일부는 모양이 고르지 않거나 납작하다. <관계사로 전환>

Let's Drill!

다음 문장을 다양한 방식으로 번역하시오.

04   Anne Mangen at the University of Oslo studied the performance of readers of a computer screen compared to readers of paper, publishing reading on the screen is not that effective.

어휘 publish (공식적으로) 발표하다 / study 연구하다 / performance 성과 / effective 효과적인

05   A number of programmers have been creating software designed to assist citizens of countries whose governments censor the Internet.

어휘 a number of 많은 / assist 돕다 / citizen 국민 / censor 검열

06   The emotions and sensory reactions created by these activities such as reading, writing, solving mathematical problems have an influence on the body and its health.

어휘 sensory 감각의, 지각의 / have an influence on ~에 영향을 미치다 / mathematical 수학의

번역문과 원문을 비교해가며 저자의 번역의도를 파악하시오.

4-A Anne Mangen at the University of Oslo studied the performance of readers of a computer screen **compared to readers of paper,** publishing reading on the screen is not that effective.

> **번역1** 오슬로 대학교의 안네 망엔은 **종이로 읽는 독자들과 비교해서** 컴퓨터 화면으로 책을 읽는 독자들의 성과에 대해 연구했다. 그리고 컴퓨터 화면으로 독서하는 것이 그다지 효과적이지 않다는 사실을 발표했다. <형용사적>

* "publishing" '연속'동작을 나타내는 분사구문이므로 '그리고 ~하다, 그 결과 ~하다'라고 번역이 가능하다.

4-A Anne Mangen at the University of Oslo studied the performance of readers of a computer screen **(who were) compared to readers of paper,** publishing reading on the screen is not that effective.

> **번역2** 오슬로 대학교의 안네 망엔은 컴퓨터 화면으로 읽는 독자들의 성과를 연구했는**데, 종이로 읽는 독자들과 비교되었다.** 그 결과 컴퓨터 화면으로 글을 읽는 것이 그다지 효과적이지 않다는 사실을 발표했다. <관계사로 전환>

5-A A number of programmers have been creating software **designed to assist citizens of countries whose governments censor the Internet.**

> **번역1** 많은 프로그래머들은 그 정부가 인터넷을 검열하는 국가들의 시민들을 도우려고 고안된 소프트웨어를 만들고 있다. <형용사적>

5-B A number of programmers have been creating software **(which has been) designed to assist citizens of countries whose(=and their) governments** censor the Internet.

번역2 많은 프로그래머들은 소프트웨어를 만들고 있는데 이는 어느 국가들의 시민들을 돕기 위해 고안되었다. 왜냐하면 그 국가들의 정부가 인터넷을 검열하기 때문이다. <관계사로 전환>

6-A The emotions and sensory reactions **created by these activities such as reading, writing, solving mathematical problems** have an influence on the body and its health.

번역1 독서, 글쓰기, 수학문제를 푸는 것과 같은 활동들에 의해서 만들어진 감정들과 감각적 반응들은 몸과 건강에 영향을 미친다. <형용사적>

6-B The emotions and sensory reactions **(which are) created by these activities such as reading, writing, solving mathematical problems** have an influence on the body and its health.

= The emotions and sensory reactions, **if they are created by these activities such as reading, writing, solving mathematical problems** have an influence on the body and its health.

번역2 감정들과 감각적 반응들이 **독서, 글쓰기, 수학문제를 푸는 것과 같은 활동으로 만들어진다면** 몸과 건강에 영향을 미칠 것이다. <관계사로 전환>

다음 문장을 다양한 방식으로 번역하시오.

07 The atmospheric increases in greenhouse gas emissions (GHGEs) caused by
    the transport, land clearance, methane emissions, and grain cultivation
    relevant to the livestock industry are the main drivers behind increases in
    global temperatures.

어휘 greenhouse gas 온실 가스 / emission 배출 / transport 교통, 수송 / land clearance 토지개
     간 / grain 곡물 / cultivation 경작, 재배 / relevant 관련 있는 / livestock 가축, 축산물 /
     driver 원인, 동력

08 People lost in darkness or heavy fog will often walk in circles and sometimes
    return to the spot where they first became lost.

어휘 heavy 심한

09 In a series of experiments conducted in the 1970s, Antony Chapman at the
    University of Wales looked into the effects of context on children's humor
    appreciation.

어휘 conduct 실시하다, 수행하다 / context 맥락, 상황 / appreciation 평가, 의견, 감상

Let's Copy!

번역문과 원문을 비교해가며 저자의 번역의도를 파악하시오.

7-A The atmospheric increases in greenhouse gas emissions (GHGEs)**caused by the transport, land clearance, methane emissions, and grain cultivation relevant to the livestock industry** are the main drivers behind increases in global temperatures.

> **번역1** 가축산업과 관련된 운송, 토지 개간, 메탄 배출, 곡물 경작으로 초래된 대기의 온실가스 배출 증가는 지구의 온도 증가의 배후에 있는 주요 요인이다. <형용사적>

7-B The atmospheric increases in greenhouse gas emissions (GHGEs) **(which are) caused by the transport, land clearance, methane emissions, and grain cultivation relevant to the livestock industry** are the main drivers behind increases in global temperatures.

= The atmospheric increases in greenhouse gas emissions (GHGEs), **if they are caused by the transport, land clearance, methane emissions, and grain cultivation relevant to the livestock industry,** are the main drivers behind increases in global temperatures.

> **번역2** 대기의 온실가스 배출 증가가 **가축산업과 관련된 운송, 토지개간, 매탄가스배출, 그리고 곡물 경작으로 발생된다면** 지구의 온도 증가의 배후에 있는 주요 요인이 된다. <관계사로 전환>

8-A People **lost in darkness or heavy fog** will often walk in circles and sometimes return to the spot where they first became lost.

> **번역1** **어둠이나 짙은 안개 속에서 길을 잃은** 사람들은 종종 원을 그리며 걷고 때로는 그들이 처음 길을 잃어버린 지점으로 되돌아올지도 모른다. <형용사적>

8-B People (who are) lost in darkness or heavy fog will often walk in circles and sometimes return to the spot where they first became lost.

= People, if they are lost in darkness or heavy fog, will often walk in circles and sometimes return to the spot where they first became lost.

번역2 사람들이 **어둠이나 짙은 안개 속에서 길을 잃는다면** 종종 원을 그리며 걷고 때로는 그들이 처음 길을 잃어버린 지점으로 되돌아올 수 있다. <관계사로 전환>

9-A In a series of experiments **conducted in the 1970s**, Antony Chapman at the University of Wales looked into the effects of context on children's humor appreciation.

번역1 1970년대에 **시행됐던** 일련의 실험에서 웨일즈 대학교의 안토니 채프만은 아이들의 유머 평가에 미치는 주변 분위기의 영향력에 관해 조사했다. <형용사적>

9-B In a series of experiments **(which were) conducted in the 1970s**, Antony Chapman at the University of Wales looked into the effects of context on children's humor appreciation.

번역2 일련의 실험이 **1970년대에 실행되었는데**, (그때) 웨일즈 대학교의 안토니 채프만은 아이들의 유머평가에 주변 분위기가 미치는 영향력에 대해 조사했다. <관계사로 전환>

Let's Drill!

다음 문장을 다양한 방식으로 번역하시오.

10 These robots made of a synthetic compound are designed to be flexible in the tail and rigid in the midsection.

> **어휘** synthetic compound 합성 화합물 / flexible 유연한 / rigid 딱딱한 / midsection 중앙부, 동체

11 Knowledge gained through workplace experience is much more valuable than grades earned in school in predicting job performance of new employees.

> **어휘** workplace 직장, 일터 / valuable 가치 있는 / earn 얻다 / performance 성과, 수행

12 Alien species introduced into new regions often do well in their new homes, becoming a threat to the native species.

> **어휘** alien species 외래종 / introduce 도입하다 / region 지역 / native species 토착종

Let's Copy!

번역문과 원문을 비교해가며 저자의 번역의도를 파악하시오.

10-A These robots **made of a synthetic compound** are designed to be flexible in the tail and rigid in the midsection.

> 번역1 **합성 화합물로 만들어진** 이 로봇들은 꼬리부분이 유연하고 중간부분이 단단하도록 설계되었다. <형용사적>

10-B These robots **(which are) made of a synthetic compound** are designed to be flexible in the tail and rigid in the midsection.

= **They(=These robots) are made of a synthetic compound, and** these robots(=they) are designed to be flexible in the tail and rigid in the midsection.

> 번역2 이 로봇들은 **합성 화합물로 만들어 졌는데,** 꼬리부분이 유연하고 몸통이 단단하도록 설계되었다. <관계사로 전환>

11-A Knowledge **gained through workplace experience** is much more valuable than grades earned in school in predicting job performance of new employees.

> 번역1 **직장에서의 경험을 통해 얻어진** 지식은 학교에서 받는 성적보다 훨씬 더 가치 있다. 신입 사원들의 업무 성과를 예상할 때 그러하다. <형용사적>

11-B Knowledge **(which is) gained through workplace experience** is much more valuable than grades earned in school in predicting job performance of new employees.

= Knowledge, **if it is gained through workplace experience,** is much more valuable than grades earned in school in predicting job performance of new employees.

번역2 지식이 **직장에서의 경험을 통해 얻어진다면** 이는 학교에서 받은 점수보다 훨씬 더 가치 있다. 신입사원들의 업무성과를 예상할 때 그러하다. <관계사로 전환>

12-A Alien species **introduced into new regions** often do well in their new homes, becoming a threat to the native species.

번역1 **새로운 지역에 유입된** 외래종들은 보통 새로운 서식지에서 잘 산다. 하지만 토착종들에게 위협이 된다. <형용사적>

* 분사구문 "~,becoming" 은 "and become"으로 바꿀 수 있다. 또한, "and"의 의미는 문맥에 따라서 유연하게 번역할 수 있으니, 위의 문맥을 반영하여 '하지만 ~되다'라고 번역할 수 있다.

12-B Alien species **(which are)introduced into new regions** often do well in their new homes, becoming a threat to the native species.

= Alien species, **if they are introduced into new regions**, often do well in their new homes, becoming a threat to the native species.

번역2 외래종들이 **새로운 지역에 유입된다면** 보통 새로운 서식지에서 잘 생육하지만, 토종 생물들에게 위협이 된다. <관계사로 전환>

영어 학습자들은 "so/such ~~~ that" 구문을 '너무~해서 ~하다'라는 의미로 단순 암기한다. 하지만 "so/such 원인 that 결과"의 원리를 이해하여 '(매우) ~하다/그래서, 그 결과, 따라서…'라고 짧게 끊어서 번역할 수도 있다. 예컨대, "I studied **so** hard **that** I could pass the test. 나는 **정말** 열심히 공부**해서** 시험에 합격할 수 있었**다**" 라고 번역하는 것이 기존의 방식이라면, "I studied **so** hard **that** I could pass the test. 나는 **정말** 열심히 공부했다. 그 **결과**(그래서, 그러므로, 따라서, 때문에…) 시험에 합격할 수 있었다"라고 번역할 수도 있는 것이다. 따라서 "so/such"와 "that" 사이가 멀 경우 원인과 결과의 원리를 이해했을 경우 더욱 쉽게 문장의 의미를 파악할 수 있다.

We had such a horrible day that we felt depressed.
우리는 매우 끔찍한 하루를 보내서 우울했다. <기존의 방식으로 번역>

We had such a horrible day that we felt depressed.
우리는 매우 끔찍한 하루를 보냈다. 그래서 우리는 우울했다. <원인과 결과에 대한 이해를 통한 번역>

Let's Drill!
다음 문장을 다양한 방식으로 번역하시오.

01 Our technologies are so powerful that our effects on the environment are even more global.

어휘 effect 영향

02 Gandhi was so troubled by his guilt that one day he decided to tell his father what he had done.

어휘 guilt 죄책감 / trouble ~을 괴롭히다

03 The job offer was such a good opportunity that I couldn't miss it.

어휘 job offer 구인, 직장제공

Let's Copy!

번역문과 원문을 비교해가며 저자의 번역의도를 파악하시오.

01 Our technologies are **so** powerful **that** our effects on the environment are even more global.

번역1 우리의 기술이 **매우** 강력**하여** 환경에 미치는 우리의 영향력이 훨씬 더 광범위하다.

번역2 우리의 기술이 **매우** 강력하다. **그 결과** 환경에 미치는 우리의 영향력이 훨씬 더 광범위하다.

02 Gandhi was **so** troubled by his guilt **that** one day he decided to tell his father what he had done.

번역1 간디는 그의 죄로 인해 **너무** 괴로**워서** 어느 날 아버지께 자신이 했던 일을 말씀드리기로 결심했다.

번역2 간디는 그의 죄로 **너무** 괴로웠다. **그래서** 어느 날 아버지께 자신이 했던 일을 말씀드리기로 결심했다.

03 The job offer was **such** a good opportunity **that** I couldn't miss it.

번역1 그 일자리 제안은 **너무** 좋은 기회**여서** 놓칠 수 없었다.

번역2 그 일자리 제안은 **너무** 좋은 기회였다. **그래서** 나는 그것을 놓칠 수 없었다.

Let's Drill!

다음 문장을 다양한 방식으로 번역하시오.

04 Species are dying at such an unprecedented rate that more than half may disappear within our lifetime.

> **어휘** species 종 / unprecedented 전례 없는, 엄청난 / rate 속도

05 The scourge of pollution has already spread so far that only a drastic cure can, scientists believe, prevent devastation.

> **어휘** scourge 재앙, 천벌 / drastic 강렬한, 격렬한 / devastation 대대적인 파괴, 손상, 황폐

06 Intolerant people are so set in their lifestyles that they find it easier to ignore anything that might not conform to their limited view of life.

> **어휘** intolerant 너그럽지 못한, 편협한 / conform 순응하다, 따르다

Let's Copy!

번역문과 원문을 비교해가며 저자의 번역의도를 파악하시오.

04   Species are dying at **such** an unprecedented rate **that** more than half may disappear within our lifetime.

> 번역1   많은 종들이 **아주** 전례 없이 빠른 속도로 죽어가고 있**어서** 절반 이상이 우리 생애 사라질지도 모른다.

> 번역2   많은 종들이 **아주** 전례 없이 빠른 속도로 죽어가고 있다. **따라서** 절반 이상이 우리가 살아있는 동안에 사라질지도 모른다.

05   The scourge of pollution has already spread **so** far **that** only a drastic cure can, scientists believe, prevent devastation.

> 번역1   오염이라는 재앙은 이미 **매우** 멀리 **퍼져서** 과학자들은 극단적인 치료법만이 파괴를 막을 수 있다고 믿는다.

> 번역2   오염이라는 재앙은 이미 **매우** 멀리 퍼졌다. **그 결과** 과학자들은 극단적인 치료법만이 파괴를 막을 수 있다고 믿는다.

06   Intolerant people are **so** set in their lifestyles **that** they find it easier to ignore anything that might not conform to their limited view of life.

> 번역1   편협한 사람들은 (자신들의) 삶의 방식을 **매우** 완고**하게 지켜서** (그들은) 자신들의 제한된 인생관에 부합하지 않는 무엇이든 무시하는 것이 더 낫다고 생각한다.

> 번역2   편협한 사람들은 (자신들의) 삶의 방식이 **단단히** 고정되어 있다. **따라서** (그들은) 자신들의 좁은 인생관에 합치하지 않는 것은 어떠한 것이든 무시하는 것이 더 낫다고 생각한다.

Let's Drill!

다음 문장을 다양한 방식으로 번역하시오.

07 Men of science obtain from their work a satisfaction so profound that they can derive pleasure from eating and even marrying.

어휘 profound 심오한, 깊은 지대한 / derive 나오다

08 Efficiency is such a great virtue that it seems the only economic goal of interest to society, though it might be not.

어휘 efficiency 효율성, 능률 / virtue 미덕, 덕목

09 The contemporary passion for sunbathing is so widespread and accepted that it is difficult to remember how recent it is.

어휘 contemporary 동시대의, 현대의 / passion 열정 / sunbathing 일광욕

Let's Copy!

번역문과 원문을 비교해가며 저자의 번역의도를 파악하시오.

07   Men of science obtain from their work a satisfaction **so** profound **that** they can derive pleasure from eating and even marrying.

> 번역1 과학자들은 일로부터 **매우** 깊은 만족감을 **얻어서** 먹는 것 그리고 심지어는 결혼으로부터도 즐거움을 이끌어 낼 수 있다.

> 번역2 과학자들은 일에서 **매우** 깊은 만족감을 얻는다. **따라서** 그들은 먹는 것 그리고 심지어는 결혼에서도 즐거움을 이끌어 낼 수 있다.

08   Efficiency is **such** a great virtue **that** it seems the only economic goal of interest to society, though it might be not.

> 번역1 효율성은 **매우** 위대한 미덕**이여서** 그것이 사회가 관심을 가질 유일한 경제적 목표처럼 보인다. 비록 사실은 아닐지도 모르지만 말이다.

> 번역2 효율성은 **매우** 큰 장점이다. **따라서** 그것이 사회가 관심을 가질 유일한 경제적 목표처럼 보인다. 비록 사실은 아닐지도 모르지만 말이다.

09   The contemporary passion for sunbathing is **so** widespread and accepted **that** it is difficult to remember how recent it is.

> 번역1 일광욕에 대한 현대의 열정이 **너무나도** 널리 퍼져있고 **많이** 받아**들여져서** 얼마나 최근에 생긴 현상인지 기억하는 것은 어려운 일이다.

> 번역2 일광욕에 대한 현대의 열정이 **너무나도** 널리 퍼져있고 **많이** 받아들여진다. **따라서** 얼마나 최근에 생긴 현상인지 기억하는 것은 어렵다.

> 어휘 passion 열정, 흥미, 감정, 열광

Let's Drill!

다음 문장을 다양한 방식으로 번역하시오.

10 Some of the village girls have such a strong country accent that I could hardly communicate with them.

> **어휘** accent 억양, 악센트 / communicate 의사소통하다, 대화하다

11 Mike was in such good physical shape that he took part in the 1983 Summer Marathon.

> **어휘** physical 신체의 / take part in 참여하다

12 This tree is poisonous and grows so full and thick that it kills all plants growing beneath it.

> **어휘** thick 두꺼운 / poisonous 독성의, 유해한, 사람을 해치는 / beneath ~아래에, 밑에

Let's Copy!

번역문과 원문을 비교해가며 저자의 번역의도를 파악하시오.

10 Some of the village girls have **such** a strong country accent **that** I could hardly communicate with them.

> **번역1** 시골 소녀들 중 몇 명은 **너무** 억센 시골 말투를 가지고 있어**서** 그들과 거의 대화를 나눌 수 없었다.

> **번역2** 시골 소녀들 중 몇 명은 **너무** 강한 시골 억양을 가지고 있었다. **그래서** 나는 그들과 거의 소통할 수 없었다.

11 Mike was in **such** good physical shape **that** he took part in the 1983 Summer Marathon.

> **번역1** 마이크는 몸 상태가 **매우** 좋아**서** 1983년 하계 마라톤에 참여했다.

> **번역2** 마이크는 몸 상태가 **매우** 좋았고 **그때문에** 1983년 하계 마라톤에 참여할 수 있었다.

12 This tree is poisonous and grows **so** full and thick **that** it kills all plants growing beneath it.

> **번역1** 이 나무는 독성이 있으며, **너무** 무성하고, 빽빽하게 자라**서** 그 아래에서 자라는 모든 식물들을 죽인다.

> **번역2** 이 나무는 독성이 있으며, **너무** 무성하고 빽빽하게 자란다. **그래서** 그 밑에서 자라는 모든 식물들을 죽인다.

Let's Drill!
다음 문장을 다양한 방식으로 번역하시오.

13 Most of the people within the group were so well-informed and rational that they could reach a collectively wise decision.

> **어휘** well-informed 정보에 정통한, 박식한, 견문이 넓은 / rational 합리적인 / collectively 전체적으로, 일괄하여

14 At that time rice was so cheap, clean, and white that it seemed a good substitute for the more expensive wheat cakes.

> **어휘** substitute 대용품, 대체재 / wheat 밀가루

15 The astronomers were so impressed with the young amateur's powers of observation that they invited him to work at the observatory.

> **어휘** astronomer 천문학자 / impress 감명을 주다, / observatory 관측소, 기상대, 전문대

Let's Copy!

번역문과 원문을 비교해가며 저자의 번역의도를 파악하시오.

13 Most of the people within the group were **so** well-informed and rational **that** they could reach a collectively wise decision.

> **번역1** 그 집단 내의 대부분의 사람들이 **매우** 박식하고 합리적**이어서** 집단적으로 현명한 결론에 이를 수 있었다.

> **번역2** 그 무리의 대부분의 사람들이 **매우** 박식하고 합리적이었다. **그래서** 그들은 집단적으로 현명한 결론에 이를 수 있었다.

14 At that time rice was **so** cheap, clean, and white **that** it seemed a good substitute for the more expensive wheat cakes.

> **번역1** 그 당시에 쌀은 **매우** 싸고 깨끗하고, 백색**이여서** 더 비싼 밀가루 케이크의 좋은 대체물이었던 것 같다.

> **번역2** 그 당시에 쌀은 **무척** 싸고 깨끗했으며, 백색이었다. **그래서** 더 비싼 밀가루 케이크의 좋은 대체물이었던 것 같다.

15 The astronomers were **so** impressed with the young amateur's powers of observation **that** they invited him to work at the observatory.

> **번역1** 천문학자들은 그 젊은 아마추어의 관측 역량에 **무척** 감명을 받아서 그를 천문대에서 일하도록 초빙했다.

> **번역2** 천문학자들은 그 젊은 아마추어의 관측 역량에 **깊은** 감명을 받았다. **그래서** 그들은 그를 천문대에서 일하도록 초빙했다.

Let's Drill!
다음 문장을 다양한 방식으로 번역하시오.

16 I have always found that I was so affected by seemingly impressive things, I saw so many people who stir up my mind, that I had no time to reflect.

> **어휘** affect 영향을 미치다 / seemingly 겉보기에, 언뜻 보기에 / impressive 인상적인 / reflect 생각하다 / stir, 젓다, 자극하다, 동요시키다

17 Even when young teachers are outstanding, they're often so discouraged after a couple of years that they quit teaching, and this leads to a cycle of inexperience.

> **어휘** outstanding 뛰어난, 걸출한, 눈에 띄는 / discouraged 낙담한, 의욕을 잃어버린

18 The English think an English document of the year 1300 so difficult and complex to understand that they should have special training.

> **어휘** complex 복잡한

Let's Copy!

번역문과 원문을 비교해가며 저자의 번역의도를 파악하시오.

16 I have always found that I was **so** affected by seemingly impressive things, I saw so many people who stir up my mind, **that** I had no time to reflect.

> **번역1** 나는 늘 (내가) 겉보기에 인상적인 것들에 의해 **많은** 영향을 받아왔고 내 정신을 자극하는 많은 사람들을 **봐서** 나를 돌이켜볼 시간이 없었다.

> **번역2** 나는 늘 (내가) 겉보기에 인상적인 것들에 의해 **많은** 영향을 받아왔고 내 정신을 자극하는 많은 사람들을 보았다. **그 결과** 나를 돌이켜볼 시간이 없었다.

17 Even when young teachers are outstanding, they're often **so** discouraged after a couple of years **that** they quit teaching, and this leads to a cycle of inexperience.

> **번역1** 젊은 교사가 눈에 띄게 잘할 때조차도 2~3년 지나면 종종 **매우** 낙담해서 교직을 그만 **두는데** 이는 미숙함의 순환으로 이어진다.

> **번역2** 젊은 교사들이 두각을 나타낼 경우에도 2~3년 지나면 종종 **크게** 의욕을 잃게 된다. **따라서** 그들은 교직을 그만두는데 이는 미숙함의 순환으로 이어진다.

18 The English think an English document of the year 1300 **so** difficult and complex to understand **that** they should have special training.

> **번역1** 영국인들은 1300년의 영어 문서가 이해하기에 **너무** 어렵고 복잡**해서** 그들이 특수 훈련을 받아야 한다고 생각한다.

> **번역2** 영국인의 생각에, 1300년의 영어문서는 이해하기에 **너무** 어렵고 복잡하다. **따라서** 그들은 특별 훈련을 받아야 한다고 본다.

Let's Drill!

다음 문장을 다양한 방식으로 번역하시오.

19 Making an ideal into a rule is digging oneself a trap. If you constantly fall
    into the trap, you feel so bad about yourself that it becomes increasingly
    hard to keep going.

(어휘) ideal 이상, 궁극적 목적 / dig 파다 / trap 함정 / constantly 끊임없이 / increasingly 점점
       더, 갈수록 더

20 Everyday objects may be so familiar to so many people that they have
    become accustomed to its disadvantages and may be able to use it very
    effectively, despite the disadvantages and inconvenience.

(어휘) accustomed 익숙한 / inconvenience 불편함

21 Music educators have recently become so concerned about parents sending
    kids off to computer camps instead of music lessons that they have begun
    funding some expert studies.

(어휘) be concerned about ~에 대해 걱정하다 / fund 돈을 대다 / expert 전문적인, 전문가

Let's Copy!

번역문과 원문을 비교해가며 저자의 번역의도를 파악하시오.

19 Making an ideal into a rule is digging oneself a trap. If you constantly fall into the trap, you feel **so** bad about yourself **that** it becomes increasingly hard to keep going.

> **번역1** 이상을 규칙으로 만드는 것은 자기 자신에게 함정을 파는 것이다. 만약 당신이 지속적으로 그 함정에 빠진다면 당신은 자기 자신에 **너무** 실망**하여** 계속 나아가는 것이 점점 어려워진다.

> **번역2** 이상을 규칙으로 만드는 것은 자기 자신에게 함정을 파는 것이다. 만약 당신이 지속적으로 그 함정에 빠진다면 당신은 자기 자신에 **너무** 실망하게 될 것이다. **그래서** 계속 (앞으로) 나아가는 것이 점점 어려워진다.

20 Everyday objects may be **so** familiar to so many people **that** they have become accustomed to its disadvantages and may be able to use it very effectively, despite the disadvantages and inconvenience.

> **번역1** 일상용품은 아주 많은 사람들에게 **매우** 친숙**해서** 그들은 그것의 단점에 익숙해지고 그것을 아주 효과적으로 사용할 수 있을지도 모른다. 그것의 단점과 불편함에도 불구하고 말이다.

> **번역2** 일상용품은 아주 많은 사람들에게 **매우** 친숙하다. **그래서** 그들은 그것의 단점에 익숙해지고 그것을 아주 효과적으로 사용할 수 있을지도 모른다. 그것의 단점과 불편함에도 불구하고 말이다.

21 Music educators have recently become **so** concerned about parents sending kids off to computer camps instead of music lessons **that** they have begun funding some expert studies.

> **번역1** 음악 교육가들은 최근에 부모들이 아이들을 음악 레슨 대신 컴퓨터 캠프에 보내는 것에 대해 **매우** 염려**하여** 어떤 전문적인 연구에 자금을 지원하기 시작했다.

번역2 음악 교육가들은 최근에 부모들이 아이들을 음악 레슨 대신 컴퓨터 캠프에 보내는 것에 대해 **매우** 염려하고 있다. **따라서** 그들은 어떤 전문 연구에 자금을 지원하기 시작했다.

Let's Drill!

다음 문장을 다양한 방식으로 번역하시오.

22 Today, we are so swamped by communicative resources and so used to making full us of them, changing, juxtaposing and alternating then, that it seems almost pointless to investigate the patterns of such rapid, taken-for-granted and apparently unpredictable mixes.

어휘 swamp 쇄도하다, 넘쳐 나다 / communicative 전달의, 의사소통의 / be used to v-ing ~에 익숙하다 / juxtapose 병렬하다, 병치하다 / alternate 대체하다, 번갈아 하다 / pointless 무의미한 / take for granted 당연시 여기다 / mix 혼합물 / investigate 조사하다

23 The geometrical proportion known as the Golden Section has for centuries been regarded as such a key to the mysteries of art, and so universal is its application, not only in art but also in nature, that it has at times been treated with religious veneration.

어휘 geometrical 기하학적인 / proportion 비율 / the Golden Section 황금 분할 / regard A as B A를 B로 여기다, 간주하다 / universal 보편적인 / application 적용 / religious 종교의 / veneration 존경 / 숭상

Let's Copy!

번역문과 원문을 비교해가며 저자의 번역의도를 파악하시오.

22   Today, we are **so** swamped by communicative resources and **so** used to making full us of them, changing, juxtaposing and alternating then, **that** it seems almost pointless to investigate the patterns of such rapid, taken-for-granted and apparently unpredictable mixes.

> **번역1** 오늘날, 우리는 의사소통의 수단에 **크게** 압도당하고 있으며, 그것들을 완전히 활용하고, 변화시키고, 병치시키며, 번갈아 사용하는 데 **매우** 익숙해져 있**으므로**, 그런 빠르고, 당연하게 여겨지며, 예측할 수 없는 것처럼 보이는 혼합물의 형태를 조사하는 것은 거의 의미가 없어 보인다.

> **번역2** 오늘날 우리는 의사소통 수단에 **크게** 압도당하고 있다. 그리고 그것들은 온전히 활용하고, 변화시키고, 병치시키며, 번갈아 사용하는 데 **매우** 익숙해져 있다. **따라서** 언뜻 보면 그런 빠르고 당연하게 여겨지며, 예측할 수 없는 것처럼 보이는 혼합물의 형태를 조사하는 것은 의미 없는 것 같다.

23   The geometrical proportion known as the Golden Section has for centuries been regarded as **such** a key to the mysteries of art, and **so** universal is its application, not only in art but also in nature, **that** it has at times been treated with religious veneration.

> **번역1** 황금구도라고 알려져 있는 기하학적인 비율이 수세기 동안 예술의 비밀에 이르는 열쇠**와 같다고** 간주되어 왔고, 또한 예술 분야에 있어서 뿐만 아니라 또한 자연에 있어서도 그것이 적용되는 것이 **너무나** 보편적**이여서** 그것은 이따금 종교적 숭배로 다루어져 왔던 것이다.

> **번역2** 황금구도라고 알려진 기하학적인 비율은 수세기동안 예술의 비밀에 이르는 열쇠**와 같다고** 여겨졌다. 그리고 예술뿐만 아니라 자연에도 (=보편적으로 적용되어왔다) 그 적용이 보편적이었다. **그 결과** 그것은 이따금 종교적으로 숭배할 만한 것으로 다뤄져왔다.

"형용사, 부사 enough to-v" 구문과 "So ~ that"구문의 등가적 성격

기존의 관점에 따르면 위 두 구문은 "형용사/부사 enough to-v (~할 만큼 충분히 ~한, ~하게)", "so~that (너무 ~해서 ~하다)"로 각각 다른 의미를 지닌다. 예컨대 "He was fortunate enough to pass the exam. 그는 시험에 합격할 만큼 충분히 운이 좋았다.", "He was so fortunate that he could pass the exam. 그는 매우 운이 좋아서 시험에 합격할 수 있었다"로 번역할 수 있다. 하지만 중등 교육과정에서도 빈출되는 "형용사/부사 enough to-v" ⇨ "so~that" 구문으로의 전환을 떠올려 보자. "He was fortunate **enough to** pass the exam. ⇨ He was **so** fortunate **that** he **could** pass the exam"는 의미상 등가를 이루며 결국 '그는 **매우** 운이 좋았다. **그래서** 시험에 합격할 수 있었다'도 가능하다는 것이다.

This bowl is big enough to hold all the vegetables.
이 그릇은 모든 야채를 담을 수 있을 만큼 충분히 크다. <기존의 방식으로 번역>

This bowl is big enough to hold all the vegetables.
이 그릇은 매우 컸다. 그래서 모든 야채를 담을 수 있다.
<so~that과 ~enough to-v의 등가적 성질을 활용한 번역>

Let's Drill!
다음 문장을 다양한 방식으로 번역하시오.

01 The package was strong enough to hold a lot of groceries.

어휘 package 포장(물) / hold 잡아두다, 유지하다, 지탱하다 / grocery 식료품

02 John McCain was brave enough to stand up to stingy supporters.

어휘 brave 용감한, 대담한 / stand up to 견디다, 맞서다 / stingy 인색한

03 The message itself must be powerful enough to command attention.

어휘 command 끌다 / attention 관심

Let's Copy!

번역문과 원문을 비교해가며 저자의 번역의도를 파악하시오.

1-A The package **was strong** enough to hold a lot of groceries.

> **번역1** 그 쇼핑백은 많은 식료품을 담을 만큼 충분히 튼튼했다.

1-B The package **was strong** enough to hold a lot of groceries.
=The package was **so strong that** it could hold a lot of groceries.

> **번역2** 그 쇼핑백은 충분히 튼튼해서 많은 식료품을 담을 수 있었다.

2-A John McCain **was brave** enough to stand up to stingy supporters.

> **번역1** 존 매케인은 돈에 인색한 후원자들에 과감히 대응할 수 있을 만큼 충분히 대담했다.

2-B John McCain **was brave** enough to stand up to stingy supporters.
= John McCain **was so brave that** he could stand up to stingy supporters.

> **번역2** 존 매케인은 많이 대담했다. 따라서 돈에 인색한 후원자들에게도 과감히 대응할 수 있었다.

3-A The message itself **must be powerful** enough to command attention.

> **번역1** 메시지 자체가 주의를 끌 만큼 충분히 강력해야 한다.

3-B The message itself **must be powerful** enough to command attention.
= The message itself **must be so powerful that** it must command attention.

> **번역2** 메시지 자체가 충분히 강력하여 주의를 끌 정도가 되어야 한다.

Let's Drill!
다음 문장을 다양한 방식으로 번역하시오.

04 Juventus have assembled a squad good enough to win the Champions League.

> **어휘** assemble 모으다, 구성하다, 소집하다 / squad 팀, 선수단

05 His younger brother, Ayden, was diagnosed with lung cancer early enough to be closely monitored and have treatment.

> **어휘** diagnose 진단하다 / lung 폐 / cancer 암 / monitor 감시하다 / treatment 치료 / closely 정밀하게

06 We know that clouds are made of tiny drops of water that float in the air until they become large enough and heavy enough to fall to the ground.

> **어휘** tiny 작은 / drop of water 물방울 / float 떠다니다

Let's Copy!

번역문과 원문을 비교해가며 저자의 번역의도를 파악하시오.

4-A Juventus **have** assembled a squad good enough to win the Champions League.

(번역1) 유벤투스는 **챔피언스리그에서 우승할 만큼 충분히 좋은 선수단을 꾸렸다.**

4-B Juventus **have** assembled a squad good enough to win the Champions League.

= Juventus **have** assembled such a good squad that it can win the Champions League.

(번역2) 유벤투스는 매우 좋은 선수단을 소집하여 챔피언스리그에서 우승할 수 있을 정도이다.

5-A His younger brother, Ayden, **was** diagnosed with lung cancer early enough to be closely monitored and have treatment.

(번역1) 그의 남동생 에이든은 정밀검사를 받고 치료를 할 수 있을 만큼 매우 초기에 폐암으로 진단받았다.

5-B His younger brother, Ayden, **was** diagnosed with lung cancer early enough to be closely monitored and have treatment.

= His younger brother, Ayden, **was** diagnosed with lung cancer so early that he could closely monitored and had treatment.

(번역2) 그의 남동생 에이든은 매우 초기에 폐암으로 진단받았다. 그래서 정밀검사를 받고 치료할 수 있을 정도였다.

6-A We know that clouds are made of tiny drops of water that float in the air until they **become large enough and heavy enough to fall to the ground.**

번역1 우리는 물방울로 이루어진 구름이 땅에 **떨어질 만큼 충분히 커지고 무거워질 때까지** 공중에 떠다닌다는 것을 알고 있다.

6-B We know that clouds are made of tiny drops of water that float in the air until they **become large enough and heavy enough to fall to the ground.**

= We know that clouds are made of tiny drops of water that float in the air until they **become so large and heavy that they fall to the ground.**

번역2 우리는 물방울로 이루어진 구름이 **매우 커지고 무서워져서 땅에 떨어질 때까지** 공중에 떠다닌다는 것을 알고 있다.

Let's Drill!

다음 문장을 다양한 방식으로 번역하시오.

07 The harmonica was cheap enough for anybody to buy and tuck into a pocket.

어휘 tuck into 밀어 넣다 / pocket 주머니

08 Fairy tales are basic enough to appeal to children, but the romance in some of the stories, like Sleeping Beauty and Cinderella, is of interest to adult as well.

어휘 fairy tale 동화 / appeal 관심을 끌다 / of interest (to) ~에게 흥미 있는

09 Be wise enough not to be reckless, but brave enough to take great risks.

어휘 reckless 무모한 / take a risk 모험을 하다, 위험을 무릅쓰다

Let's Copy!

번역문과 원문을 비교해가며 저자의 번역의도를 파악하시오.

7-A The harmonica **was cheap enough for anybody to buy and tuck into a** pocket.

> **번역1** 하모니카는 누구든지 구입하여 주머니에 밀어 넣을 수 있을 만큼 충분히 쌌다.

7-B The harmonica **was cheap enough for anybody to buy and tuck into a** pocket.

= The harmonica **was so cheap that anybody could buy and tuck into a** pocket.

> **번역2** 하모니카는 (꽤) 저렴하여 누구든지 (모든 사람들이) 구매하여 주머니에 밀어 넣을 수 있다.

8-A Fairy tales **are basic enough to appeal to children**, but the romance in some of the stories, like Sleeping Beauty and Cinderella, is of interest to adult as well.

> **번역1** 동화는 **아이들에게 흥미를 끌 만큼 충분히 단순하지만** <잠자는 숲속의 공주>와 <신데렐라>와 같은 일부 이야기 속에 나오는 로맨스는 어른들에게도 또한 흥미롭다.

8-B Fairy tales **are basic enough to appeal to children**, but the romance in some of the stories, like Sleeping Beauty and Cinderella, is of interest to adult as well.

= Fairy tales **are so basic that they can appeal to children**, but the romance in some of the stories, like Sleeping Beauty and Cinderella, is of interest to adult as well.

번역2 동화는 **매우 단순하여 아이들에게 흥미를 끈다.** 하지만 <잠자는 숲속의 공주>와 <신데렐라>와 같은 일부 이야기 속에 나오는 로맨스는 어른들에게도 마찬가지로 흥미롭다.

9-A Be wise enough not to be reckless, but brave enough to take great risks.

번역1 무모하지 않을 정도로 충분히 현명해져라, 하지만 큰 위험을 감수할 정도로 충분히 용감해져라.

9-B (You should) be wise enough not to be reckless, but brave enough to take great risks.

= (You should) be so wise that you should not be reckless, but so brave that you should take great risk.

번역2 충분히 현명해져서 무모해지지마라. 하지만 충분히 용감해져서 큰 위험을 감수할 수는 있어야 한다.

Let's Drill!

다음 문장을 다양한 방식으로 번역하시오.

10 You must be exposed to reading early enough in life to have it become part of your daily routine, like washing your face or breathing.

어휘 expose 노출시키다 / daily 매일 일어나는, 일일 / routine 일상 / breathing 호흡

Let's Copy!

번역문과 원문을 비교해가며 저자의 번역의도를 파악하시오.

10-A You **must be exposed to reading early enough** in life **to have it become part of your daily routine**, like washing your face or breathing.

> **번역1** 당신은 세수하거나 숨을 쉬는 것처럼 **당신의 일과의 한 부분이 되게 할 만큼 인생에서 충분히 이른 시기에 독서에 노출되어야 한다.**

10-B You **must be exposed to reading early enough** in life **to have it become part of your daily routine**, like washing your face or breathing.

= You **must be exposed to reading so early** in life **that you must have it become part of your daily routine**, like washing your face or breathing.

> **번역2** 당신은 **인생에서 보다 일찍 독서를 접해서 그것이 일상의 한 부분이 되게 하여야 한다.** 세수를 하거나 숨 쉬는 것처럼 말이다.

원칙적으로 분사구문은 시간, 이유, 조건, 양보, 동시동작, 연속동작 등의 의미로 유연하게 번역된다. 작가의 의도를 강조하기 위해 접속사를 제시하는 경우도 있지만, 그렇지 않을 경우 구문에 대한 숙달도가 낮은 입장에서 혹은, 실전적 상황에서 그러한 번역을 하는 것은 쉽지 않다. 예컨대 "**Called the king of the forest**, the English oak is famous for its strength, size, and long life. ⇨ **As the english oak is called the king of the forest**, the english oak is famous for its strength, size, and long life. 영국 참나무는 숲의 왕이라고 **불리는데**, 그것은 내구성, 크기, 그리고 긴 수명으로 유명하다"라는 번역이 기존의 방식이었다면, 주절의 주어와의 관계를 고려하여, '숲의 왕이라 **불리는** 영국 참나무는 내구성, 크기, 그리고 긴 수명으로 유명하다'도 가능하다.

따라서 분사구문을 주절의 주어를 꾸며주는 형용사로 취급하여, '**~한**', '**~된/진/받은**', '**~했던**'으로 번역하면 일관성을 유지할 수 있기에, 보다 실전적이다.

Crossing the street, you should look both ways.
길을 건널 때, 당신은 길 양쪽을 살펴야 한다. <문맥을 활용한 유연한 번역>
길을 건너는 당신은 길 양쪽을 살펴야 한다. <일관성 있는 번역>

Translated into English, this poem would lose its beauty.
영어로 번역되었기 때문에, 이 시는 고유의 아름다움을 잃어버릴 수도 있다. <문맥을 활용한 유연한 번역>
영어로 번역된 이 시는 고유의 아름다움을 잃어버릴 수도 있다. <일관성 있는 번역>

Having drunk three cups of coffee, he cannot sleep.
(아까) 세잔의 커피를 마셨기 때문에 그는 (지금) 잠을 이룰 수 없다. <문맥을 활용한 유연한 번역>
(아까) 세잔의 커피를 마셨던 그는 (지금) 잠을 이룰 수 없다. <일관성 있는 번역>

Let's Drill!

다음 문장을 다양한 방식으로 번역하시오.

01   Invited to a dinner party, we feel under pressure to invite our hosts to one
     of ours.

어휘 pressure 압력 / host 주최자

02   Working for their communities, amateurs have made remarkable achievements
     in a wide variety of fields.

어휘 remarkable 놀라운, 주목할 만한 / a variety of 다양한, 많은

03   Having returned to France, Fourier began his research on heat conduction.

어휘 heat conduction 열전도

Let's Copy!

번역문과 원문을 비교해가며 저자의 번역의도를 파악하시오.

1-A **Invited to a dinner party,** we feel under pressure to invite our hosts to one of ours.

> (번역1) **저녁 식사에 초대받았던** 우리는 파티를 열어준 사람들을 우리가 주최할 파티에 한 번 초대해야 한다는 압박을 느낀다. <일관성>

1-B **(Because we were) Invited to a dinner party,** we feel under pressure to invite our hosts to one of ours.

> (번역2) **저녁 식사에 초대받았었기 때문에,** 우리는 파티를 열어준 주최자들을 우리가 주최할 파티에 한 번 초대해야 한다는 압박감을 느낀다. <문맥활용>

2-A **Working for their communities,** amateurs have made remarkable achievements in a wide variety of fields.

> (번역1) **지역사회를 위해서 일하는** 아마추어들은 매우 다양한 분야에서 놀랄 만한 업적들을 쌓아왔다. <일관성>

2-B **Working for their communities,** amateurs have made remarkable achievements in a wide variety of fields.

> = **As they have worked for their communities,** amateurs have made remarkable achievements in a wide variety of fields.

> (번역2) **지역사회를 위해서 일하면서** 아마추어들은 매우 다양한 분야에서 놀랄 만한 업적들을 쌓아왔다. <문맥활용>

3-A **Having returned to France,** Fourier began his research on heat conduction.

> (번역1) **프랑스로 돌아온** 푸리에는 열전도에 관한 연구를 시작했다. <일관성>

3-B Having returned to France, Fourier began his research on heat conduction.

= **After he had returned** to France, Fourier began his research on heat conduction.

번역2 **프랑스로 돌아온 후에** 푸리에는 열전도에 관한 연구를 시작했다. <문맥 활용>

Let's Drill!

다음 문장을 다양한 방식으로 번역하시오.

04 Sitting at a sidewalk cafe, the traveler saw an old lady with strange brand on his forehead sitting nearby.

어휘 sidewalk 길가 / brand 낙인 / strange 낯선 / forehead 이마

05 Dressed in his doctor's gown, Miller entered the room to see Margaret.

어휘 gown 가운 / dress 옷을 입다

06 Coming back to Seoul, he made friends with a new group of international travelers.

어휘 international 국제적인

Let's Copy!

번역문과 원문을 비교해가며 저자의 번역의도를 파악하시오.

4-A Sitting at a sidewalk cafe, the traveler saw an old lady with strange brand on his forehead sitting nearby.

> 번역1 길가에 있는 카페에 앉아있던 그 여행자는 이마에 이상한 낙인이 있는 한 노부인이 길가에 앉아 있는 것을 보았다. <일관성>

4-B Sitting at a sidewalk cafe, the traveler saw an old lady with strange brand on his forehead sitting nearby.

= While he sat at a sidewalk cafe, the traveler saw an old lady with strange brand on his forehead sitting nearby.

> 번역2 길가에 있는 카페에 앉아있던 와중에, 그 여행자는 이마에 이상한 낙인이 있는 한 노부인이 길가에 앉아 있는 것을 보았다. <문맥활용>

5-A Dressed in his doctor's gown, Miller entered the room to see Margaret.

> 번역1 의사 가운을 입은 밀러는 방으로 들어가 마가렛을 보았다. <일관성>

5-B (As he was) Dressed in his doctor's gown, Miller entered the room to see Margaret.

> 번역2 의사 가운을 입은 채로 밀러는 마가렛을 보기 위해서 방으로 들어갔다. <문맥활용>

6-A Coming back to Seoul, he made friends with a new group of international travelers.

> 번역1 서울로 돌아온 그는 새로운 국제 여행객 무리와 친구가 되었다. <일관성>

6-B **Coming back to Seoul,** he made friends with a new group of international travelers.

= **After he came back to Seoul,** he made friends with a new group of international travelers.

번역2 그가 서울로 돌아온 후에, 그는 새로운 국제 여행자 무리와 친구가 되었다. <문맥활용>

Let's Drill!

다음 문장을 다양한 방식으로 번역하시오.

07 Believing our friends think and feel exactly like we do, we often misunderstand the intention of them.

> 어휘 intention 의도

08 Being poor, she couldn't go to college, but she continued to study on her own.

> 어휘 on one's own 혼자서, 스스로

09 Looking at your co-workers, you will notice that they tend to be stressed by the same situations.

> 어휘 co-worker 동료, 협력자 / notice 알아차리다 / stress ~을 괴롭히다

Let's Copy!

번역문과 원문을 비교해가며 저자의 번역의도를 파악하시오.

7-A Believing our friends think and feel exactly like we do, we often misunderstand the intention of them.

> **번역1** 우리의 친구들이 정확히 우리처럼 생각하고 느낀다고 믿는 우리는 종종 그들의 의도를 잘못 파악한다. <일관성>

7-B Believing our friends think and feel exactly like we do, we often misunderstand the intention of them.

> = Because we believe our friend think and feel exactly like we do, we often misunderstand the intention of them.

> **번역2** 우리의 친구들이 정확히 우리처럼 생각하고 느낀다고 믿기 때문에, 우리는 종종 그들의 의도를 잘못 파악한다. <문맥활용>

8-A Being poor, she couldn't go to college, but she continued to study on her own.

> **번역1** 가난한 그녀는 대학에 진학할 수 없었지만 독학을 이어나갔다. <일관성>

8-B Being poor, she couldn't go to college, but she continued to study on her own.

> = Because she was poor, she couldn't go to college, but she continued to study on her own.

> **번역2** 가난했기 때문에 그녀는 대학에 진학할 수 없었지만 독학을 이어나갔다. <문맥활용>

9-A **Looking at your co-workers,** you will notice that they tend to be stressed by the same situations.

> **번역1** **직장 동료를 본,** 당신은 그들이 같은 상황으로 스트레스를 받는다는 것을 알아차릴 것이다. <일관성>

9-B **Looking at your co-workers,** you will notice that they tend to be stressed by the same situations.

= **If you look at your co-workers,** you will notice that they tend to be stressed by the same situations.

> **번역2** **만약 당신이 직장동료를 본다면,** 당신은 그들이 같은 상황으로 스트레스를 받는다는 것을 알아차릴 것이다. <문맥활용>

Let's Drill!

다음 문장을 다양한 방식으로 번역하시오.

10 Feeling overworked, burdened, and depressed, many of our contemporaries dream about changing their jobs, moving to the countryside, and living a simple and pleasant life, which might not be "the best solution".

어휘 overworked 과로한, 혹사당하는 / burden 부담을 지우다 / depressed 우울한 / pleasant 즐거운

11 Having trained to be a lawyer to please his father, Henri Matisse came late to painting.

어휘 please 기쁘게 하다

12 Deprived of sleep at night, our brain can't function properly, which has a negative effect on our cognitive abilities and emotional state.

어휘 deprived 부족한, 불우한 / function 기능하다 / cognitive 인지의 / state 상태

Let's Copy!

번역문과 원문을 비교해가며 저자의 번역의도를 파악하시오.

10-A **Feeling overworked, burdened, and depressed,** many of our contemporaries dream about changing their jobs, moving to the countryside, and living a simple and pleasant life, which might not be "the best solution".

> **번역1** **과로에 지치고 심적 부담감을 느끼며 우울감에 빠진** 많은 우리의 동시대 사람들은 직업을 바꾸거나, 시골지역으로 이사를 하고, 단순하지만 즐거운 삶을 사는 것을 꿈꾼다. 하지만 그것이 최고의 해결책은 아닐지도 모른다. <일관성>

10-B **Feeling overworked, burdened, and depressed,** many of our contemporaries dream about changing their jobs, moving to the countryside, and living a simple and pleasant life, which might not be "the best solution".

= **Because they feel overworked, burdened, and depressed,** many of our contemporaries dream about changing their jobs, moving to the countryside, and living a simple and pleasant life, which might not be "the best solution".

> **번역2** **과로에 지치고, 심적 부담감을 느끼며, 우울감에 빠지기 때문에,** 많은 우리와 동시대에 사는 사람들은 직업을 바꾸거나, 시골지역으로 이사를 하고, 단순하지만 즐거운 삶을 사는 것을 꿈꾼다. 하지만 그것이 가장 좋은 해결책은 아닐지도 모른다. <문맥활용>

11-A **Having trained to be a lawyer to please his father,** Henri Matisse came late to painting.

> **번역1** **아버지를 기쁘게 해드리려고 변호사 공부를 했던** 앙리 마티스는 늦게 회화에 입문했다. <일관성>

11-B **Having trained to be a lawyer to please his father,** Henri Matisse came late to painting.

= Because he had trained to be a lawyer to please his father, Henri Matisse came late to painting.

번역2 아버지를 기쁘게 해드리려고 변호사 공부를 했던 탓에, 앙리 마티스는 늦게 회화에 입문했다. <문맥활용>

12-A Deprived of sleep at night, our brain can't function properly, which has a negative effect on our cognitive abilities and emotional state.

번역1 밤에 잠이 부족한 우리의 뇌는 제대로 기능할 수 없고 우리의 인지능력과 정서적 상태에 부정적인 영향을 미친다. <일관성>

12-B (If it is) Deprived of sleep at night, our brain can't function properly, which has a negative effect on our cognitive abilities and emotional state.

번역2 만약 밤에 잠이 부족하다면, 우리의 뇌는 제대로 기능할 수 없고 우리의 인지능력과 정서적 상태에 부정적인 영향을 미친다. <문맥활용>

Let's Drill!

다음 문장을 다양한 방식으로 번역하시오.

13 Cooked properly, beans can help strengthen bones, which contains a significant amount of calcium, the basic building material of all bones and teeth.

어휘 cook 요리하다 / bean 콩 / strengthen 강화하다 / contain 포함하다 / calcium 칼슘 / build 만들다, 형성하다 / significant 상당한

14 Raised with a rapidly maturing Internet and expanding cell phone capabilities, teens have much access to the world around them.

어휘 mature 성숙하다, 충분히 발달하다 / expand 확장하다 / capability 능력, 기능 / access 접속하다, 접근하다

15 Studying about education, I was surprised to learn that children drop in IQ each vacation because they aren't exercising their brains.

어휘 exercise 연습시키다, 훈련시키다, 이용하다

Let's Copy!

번역문과 원문을 비교해가며 저자의 번역의도를 파악하시오.

13-A **Cooked properly,** beans can help strengthen bones, which contains a significant amount of calcium, the basic building material of all bones and teeth.

> **번역1** 적절하게 조리된 콩은 뼈를 강화하는 데 도움을 줄 수 있는데 그 이유는 모든 뼈와 치아를 만드는 기본적인 물질인, 상당한 양의 칼슘이 있기 때문이다. <일관성>

13-B **(If they are) Cooked properly,** beans can help strengthen bones, which contains a significant amount of calcium, the basic building material of all bones and teeth.

> **번역2** 적절하게 조리된다면, 콩은 뼈를 강화하는 데 도움을 줄 수 있는데 그 이유는 모든 뼈와 치아를 만드는 기본적인 물질인, 상당한 양의 칼슘이 있기 때문이다. <문맥활용>

14-A **Raised with a rapidly maturing Internet and expanding cell phone capabilities,** teens have much access to the world around them.

> **번역1** 빠르게 발달하는 인터넷과 확장되는 휴대폰의 기능과 함께 자라게 된 십대들은 그들 주위의 세계에 더 가까이 다가갈 수 있다. <일관성>

14-B **(Because they are)Raised with a rapidly maturing Internet and expanding cell phone capabilities,** teens have much access to the world around them.

> **번역2** 빠르게 발달하는 인터넷과 확장되는 휴대폰의 기능과 함께 성장하기 때문에, 십대들은 그들 주위의 세계에 더 가까이 다가갈 수 있다. <문맥활용>

15-A Studying about education, I was surprised to learn that children drop in IQ each vacation because they aren't exercising their brains.

> **번역1** **교육에 대해 연구를 한** 나는 아이들의 아이큐가 방학마다 떨어진다는 사실을 알게 되어 놀랐다. 그들이 뇌를 훈련시키지 않았기 때문이었다.
> <일관성>

15-B Studying about education, I was surprised to learn that children drop in IQ each vacation because they aren't exercising their brains.

= **After I studied about education,** I was surprised to learn that children drop in IQ each vacation because they aren't exercising their brains.

> **번역2** **교육에 대해서 연구한 후,** 나는 아이들의 아이큐가 방학마다 떨어진다는 사실을 알게 되어 놀랐다. 그들이 뇌를 훈련시키지 않았기 때문이었다.
> <문맥활용>

Let's Drill!

다음 문장을 다양한 방식으로 번역하시오.

16 Excited to see their favorite singer in person, Joan and her sister began screaming.

어휘 excite 흥분시키다, 신나게 하다 / in person 실제로

17 Having traveled widely throughout many countries, I know much about change, adaptation, and survival.

어휘 adaptation 적응

18 Emphasizing the equality of writers and readers, Yann Martel, famous for his novel Life of Pi once said, "Don't try to be a story teller, because the reader feels kidnapped, taken in but left with nothing.

어휘 emphasize 강조하다 / equality 평등, 균형 / kidnap 납치하다, 유괴하다

Let's Copy!

번역문과 원문을 비교해가며 저자의 번역의도를 파악하시오.

16-A Excited to see their favorite singer in person, Joan and her sister began screaming.

> **번역1** 좋아하는 가수를 직접 보게 되어 신나게 된 조안과 그녀의 여동생은 비명을 지르기 시작했다. <일관성>

16-B (Because they were) Excited to see their favorite singer in person, Joan and her sister began screaming.

> **번역2** 좋아하는 가수를 직접 보게 되었기 때문에, 조안과 그녀의 여동생은 비명을 지르기 시작했다. <문맥활용>

17-A Having traveled widely throughout many countries, I know much about change, adaptation, and survival.

> **번역1** 줄 곧 여러 나라를 여행했던, 나는 변화, 적응 생존에 대해 많은 것을 알고 있다. <일관성>

17-B Having traveled widely throughout many countries, I know much about change, adaptation, and survival.

= Because I traveled widely throughout many countries, I know much about change, adaptation, and survival.

> **번역2** 줄 곧 여러 나라를 여행했기 때문에, 나는 변화, 적응 생존에 대해 많은 것을 알고 있다. <문맥활용>

18-A Emphasizing the equality of writers and readers, Yann Martel, famous for his novel Life of Pi once said, "Don't try to be a story teller, because the reader feels kidnapped, taken in but left with nothing.

번역1 작가와 독자의 동등성을 강조한 얀 마텔은 <파이 이야기>로 유명한데, 한때 이런 말을 했다. "이야기꾼이 되려하지 마십시오, 왜냐하면 독자들이 꼬임과 속임을 당하고 아무것도 남는 것이 없다고 느끼기 때문입니다." <일관성>

18-B Emphasizing the equality of writers and readers, Yann Martel, famous for his novel Life of Pi once said, "Don't try to be a story teller, because the reader feels kidnapped, taken in but left with nothing.

= While he emphasized the equality of writers and readers, Yann Martel, famous for his novel Life of Pi once said, "Don't try to be a story teller, because the reader feels kidnapped, taken in but left with nothing.

번역2 작가와 독자의 동등성을 강조한 동시에 <파이 이야기>로 유명한 얀 마텔은 한때 이런 말을 했다. "이야기꾼이 되려하지 마십시오, 왜냐하면 독자들이 꼬임과 속임을 당하고 아무것도 남는 것이 없다고 느끼기 때문입니다." <문맥활용>

Let's Drill!

다음 문장을 다양한 방식으로 번역하시오.

19 Recognizing my artistic talent, my parents sent me to France at the age of 13.

> **어휘** artistic 예술적인 / talent 재능 / recognize 인식하다, 알아보다

20 Melting fats and softening other food particles, hot water make it easier for detergent to penetrate them.

> **어휘** melt 녹이다 / soften 완화시키다, 부드럽게 하다 / particle 입자 / detergent 세제 / penetrate 침투하다

21 Trying to translate everything into their native language, English learners look up unfamiliar words in the dictionary.

> **어휘** translate 번역하다 / look up 검색하다, 찾아보다

Let's Copy!

번역문과 원문을 비교해가며 저자의 번역의도를 파악하시오.

19-A Recognizing my artistic talent, my parents sent me to France at the age of 13.

> **번역1** 나의 예술적 재능을 알아본 내 부모님께서는 나를 13살의 나이에 프랑스로 보냈다. <일관성>

19-B Recognizing my artistic talent, my parents sent me to France at the age of 13.

> = After they recognized my artistic talent, my parents sent me to France at the age of 13.

> **번역2** 내 예술적 재능을 발견한 후에, 내 부모님께서는 나를 13살의 나이에 프랑스로 보냈다. <문맥활용>

20-A Melting fats and softening other food particles, hot water make it easier for detergent to penetrate them.

> **번역1** 지방을 녹이고 음식 찌꺼기를 부드럽게 하는 뜨거운 물은 세제가 그것에 침투하는 것을 용이하게 한다. <일관성>

20-B Melting fats and softening other food particles, hot water make it easier for detergent to penetrate them.

> = Because it melts fats and softens other food particles, hot water make it easier for detergent to penetrate them.

> **번역2** 지방을 녹이고 음식 찌꺼기를 부드럽게 하기 때문에 뜨거운 물은 세제가 그것에 침투하는 것을 용이하게 한다. <문맥활용>

21-A Trying to translate everything into their native language, English learners look up unfamiliar words in the dictionary.

번역1 모든 것을 그들의 모국어로 바꾸려고 하는 영어학습자들은 낯선 단어들을 사전에서 찾아본다. <일관성>

21-B Trying to translate everything into their native language, English learners look up unfamiliar words in the dictionary.

= Because they try to translate everything into their native language, English learners look up unfamiliar words in the dictionary.

번역2 모든 것을 그들의 모국어로 바꾸려고 하기에, 영어학습자들은 낯선 단어들을 사전에서 찾아본다. <문맥활용>

Let's Drill!

다음 문장을 다양한 방식으로 번역하시오.

22 Playing a major role in the economic life of the United States, women make up 42 percent of their workforce.

어휘 play a major role in ~에서 중요한 역할을 하다 / make up ~을 이루다, 형성하다 / workforce 노동력, 노동인구

23 Not having seen him for 20 years or so, I couldn't recognize him at first.

어휘 at first 처음에는 / or so ~쯤, ~정도

24 Referred to as "The Flying Chair," the first elevator was designed to comfortably transport the king.

어휘 comfortably 편안하게, 편리하게, 수월하게 / transport 수송하다, 이동시키다

Let's Copy!

번역문과 원문을 비교해가며 저자의 번역의도를 파악하시오.

22-A Playing a major role in the economic life of the United States, women make up 42 percent of their workforce.

> (번역1) 미국의 경제생활에 중요한 역할을 하는 여성들은 미국의 노동력의 42%를 차지한다. <일관성>

22-B Playing a major role in the economic life of the United States, women make up 42 percent of their workforce.

> = While they play a major role in the economic life of the United States, women make up 42 percent of their workforce.

> (번역2) 미국의 경제생활에 중요한 역할을 하는 동시에, 여성들은 미국 노동력의 42%를 차지한다. <문맥활용>

23-A Not having seen him for 20 years or so, I couldn't recognize him at first.

> (번역1) 약 20년간 그를 못 봤던 나는 처음에 그를 알아볼 수 없었다. <일관성>

23-B Not having seen him for 20 years or so, I couldn't recognize him at first.

> = Because I had not seen him for 20 years or so, I couldn't recognize him at first.

> (번역2) 약 20년간 그를 못 봤기 때문에, 나는 처음에 그를 알아볼 수 없었다. <문맥활용>

24-A Referred to as "The Flying Chair," the first elevator was designed to comfortably transport the king.

> (번역1) '날아다니는 의자'라고 불렸던 최초의 엘리베이터는 왕을 편안하게 옮기

기 위해 고안되었다. <일관성>

24-B **(As it was) Referred to as "The Flying Chair,"** the first elevator was designed to comfortably transport the king.

> **번역2** 최초의 엘리베이터는 '날아다니는 의자'라고 불렸는데, 왕을 편안하게 옮기려고 고안되었다. <문맥활용>

Let's Drill!

다음 문장을 다양한 방식으로 번역하시오.

25 Now considered a major poet of the nineteenth century, Emily Dickinson was unknown to the literary world during her lifetime.

어휘 poet 시인 / literary 문학의, 문학적인

26 Characterized by an excess of fat stores, obesity is one of the most important risk factors for reduced life expectancy.

어휘 characterize 특징이 되다, 특징 짓다 / excess 지나침, 과잉 / store 저장, 축적 / obesity 지방 / life expectancy 기대수명

Let's Copy!

번역문과 원문을 비교해가며 저자의 번역의도를 파악하시오.

25-A Now considered a major poet of the nineteenth century, Emily Dickinson was unknown to the literary world during her lifetime.

> **번역1** 지금 19세기의 대표적 시인으로 여겨지는 에밀리 디킨슨은 살아있는 동안에는 문학계에 알려지지 않았다. <일관성>

25-B (As she is) Now considered a major poet of the nineteenth century, Emily Dickinson was unknown to the literary world during her lifetime.

> **번역2** 에밀리 디킨슨은 19세기의 대표적 시인으로 여겨지는데, 그녀는 문학계에 살아생전 알려지지 않았다. <문맥활용>

26-A Characterized by an excess of fat stores, obesity is one of the most important risk factors for reduced life expectancy.

> **번역1** 지방 축적의 과도함으로 특징지어지는 비만은 감소된 평균 수명에 가장 중요한 요인들 중에 하나이다. <일관성>

26-B (As it is)Characterized by an excess of fat stores, obesity is one of the most important risk factors for reduced life expectancy.

> **번역2** 비만은 지방 축적의 과도함으로 특징지어지는데, 이는 감소된 평균 수명에 가장 중요한 요인들 중에 하나이다. <문맥활용>

주절 뒤에 분사구문이 뒤따라오는 'S+V, (comma) v-ing/p.p.'의 패턴의 경우 대다수가 동시동작, 연속동작을 나타낸다. 따라서 **'그리고, 그래서, 그런데, 동시에 ~하다/~되다'** 로 번역한다면 순차적으로 문장의 의미를 이해할 수 있다.

The train left Seoul at 6, arriving in Busan at 12.

=The train left Seoul at 6, and arrived in Busan at 12.

그 열차는 6시에 서울을 떠났고 부산에 12시에 도착했다.

=그 열차는 6시에 서울을 떠나서 부산에 12시에 도착했다.

Let's Drill!
다음 문장을 다양한 방식으로 번역하시오.

01   Dreaming is an act of pure imagination, attesting in all men a creative power.

어휘 pure 순수한 / imagination 상상력 / attest 증명하다

02   This strategy increases profits to producers, keeping their farms competitive.

어휘 strategy 전략 / profit 이익 / keep ~한 상태로 두다, 유지하다

03 The increased flexibility will lengthen your running stride, allowing you to run faster.

어휘 flexibility 유연함, 유연성 / lengthen 늘이다, 연장하다 / stride 보폭

04 In six hours the sun will kill viruses and bacteria in the water, making it safe to drink.

Let's Copy!

번역문과 원문을 비교해가며 저자의 번역의도를 파악하시오.

01   Dreaming is an act of pure imagination, **attesting (=and attests)in all men a creative power.**

> **번역**   꿈은 순수한 상상력의 행위인데, 모든 사람 안에 있는 창조적인 힘을 증명한다.

02   This strategy increases profits to producers, **keeping(=and keeps) their farms competitive.**

> **번역**   이 전략은 생산자의 수익을 증가시키고 그들의 농장을 경쟁력 있게 만들어준다.

03   The increased flexibility will lengthen your running stride, **allowing(=and allow) you to run faster.**

> **번역**   당신의 향상된 유연성은 당신의 달리기 보폭을 늘여 줄 것이고, 당신이 보다 빠르게 달릴 수 있도록 해 줄 것이다.

04   In six hours the sun will kill viruses and bacteria in the water, **making(=and make) it safe to drink.**

> **번역**   여섯 시간이 지나면 태양은 물속에 있는 바이러스와 박테리아를 죽여서 그 물을 마시기에 안전하게 만들 것이다.

Let's Drill!

다음 문장을 다양한 방식으로 번역하시오.

05 I am tired, physically and emotionally, and I sit down to enjoy a cold drink, trying to make myself comfortable.

어휘 physically 육체적으로, 물리적으로 / comfortable 편안한

06 Every day after school, John sits on the front steps of his house reading a collection of Byron's poetical works.

어휘 front steps 현관 계단 / poetical works 시집

07 In the 20th century we have constructed our own creation epic, using the language of science rather than mythology.

어휘 construct 구성하다, 만들다, 생각해내다 / epic 서사시 / mythology 신화, 통념 / science (과학적) 지식

08 By their speed, computers have extended man's ability to think, making possible the solution of previously insoluble problems.

어휘 extend 확장하다, 연장하다 / insoluble 해결할 수 없는

Let's Copy!

번역문과 원문을 비교해가며 저자의 번역의도를 파악하시오.

05 I am tired, physically and emotionally, and I sit down to enjoy a cold drink, **trying(=and try) to make myself comfortable.**

> **번역** 나는 육체적으로 정신적으로 지쳤기에 앉아서 시원한 음료를 즐긴다. 그리고 나 자신을 편안하게 하려고 한다.

06 Every day after school, John sits on the front steps of his house **reading(=and reads) a collection of Byron's poetical works.**

> **번역** 방과 후 매일, 존은 집 현관에 앉아서 **그의 바이런의 시집을 읽는다.**

07 In the 20th century we have constructed our own creation epic, **using(=and have used) the language of science rather than mythology.**

> **번역** 20세기, 우리는 고유의 창작 서사시를 만들어 냈는데 **신화 대신, 과학적 지식이 담긴 언어를 사용하였다.**

* "of"는 '소유'의 의미를 담고 있기에, '가진', '담긴' 등으로 번역할 수 있다.

08 By their speed, computers have extended man's ability to think, **making(=and have made) possible the solution of previously insoluble problems.**

> **번역** 속도를 이용하여, 컴퓨터는 인간의 사고 능력을 확장했는데, **이전에 풀 수 없는 문제를 풀 수 있게 하였다.**

Let's Drill!

다음 문장을 다양한 방식으로 번역하시오.

09 My fear was relieved by the information which I had gathered, allowing me to enjoy the experience more.

> **어휘** relieve 완화시키다, 안도하다 / fear 두려움 / gather 모으다

10 Nowadays, much more information is exchanged via text than ever before, making it extremely important that you can communicate with people by writing.

> **어휘** exchange 주고받다, 교환하다 / extremely 대단히, 극도로

11 Direct involvement of citizens made the American Revolution possible, giving the new republic vitality and hope for the future.

> **어휘** involvement 개입, 참여 / republic 공화국 / vitality 활력, 생명력

12 Even anger was an important emotion to our ancestors, motivating us to seek food when we were hungry, to fight off predators and to compete for scarce resources.

> **어휘** ancestor 조상 / motivate 동기부여하다 / fight off 물리치다 / predator 포식자 / scarce 부족한, 불충분한

Let's Copy!

번역문과 원문을 비교해가며 저자의 번역의도를 파악하시오.

09 My fear was relieved by the information which I had gathered, **allowing(=and allowed)** me to enjoy the experience more.

> **번역** 나의 두려움은 내가 수집했던 정보에 의해 완화되었고 **이는 내가 그 경험을 더 많이 즐길 수 있게 해주었다.**

10 Nowadays, much more information is exchanged via text than ever before, **making(=and makes)** it extremely important that you can communicate with people by writing.

> **번역** 요즈음 훨씬 많은 정보가 이전보다 문서를 통해서 교환되고 **있는데 이는 당신이 사람들과 글쓰기로 의사소통 하는 것을 매우 중요하게 하고 있다.**

11 Direct involvement of citizens made the American Revolution possible, **giving (=and gave)** the new republic vitality and hope for the future.

> **번역** 시민의 직접적인 참여는 미국혁명을 가능하게 **했고, 새로운 공화국에 활력과 미래에 대한 희망을 부여했다.**

12 Even anger was an important emotion to our ancestors, **motivating(=and motivated)** us to seek food when we were hungry, to fight off predators and to compete for scarce resources.

> **번역** 심지어 분노도 우리의 조상들에게 중요한 감정이었**는데, 우리가 배고플 때 음식을 찾고, 포식자를 물리치며, 부족한 자원을 (얻기) 위해 경쟁하도록 동기 부여했다.**

Let's Drill!
다음 문장을 다양한 방식으로 번역하시오.

13 One must choose a particular strategy appropriate to the occasion, following the selected course of action.

> **어휘** particular 특별한 / strategy 전략 / appropriate 적절한 / occasion 때, 경우

14 The course starts with an indoor lesson, followed by a walk through fields.

> **어휘** indoor 실내의 / field 들판, 현장, 야외

15 The tsunami struck the country's northern region on Sunday, leaving thousands of people homeless and causing serious damage to several towns.

> **어휘** strike 치다, 강타하다 / leave ~을 (어떤 상태가) 되게 하다 / homeless 집 없는, 노숙자 / serious 심각한

16 Everyone is trying to accomplish something big, not realizing that life is made up of little things.

> **어휘** accomplish 성취하다, 이루어 내다 / be made up of ~로 구성되다

Let's Copy!

번역문과 원문을 비교해가며 저자의 번역의도를 파악하시오.

13 One must choose a particular strategy appropriate to the occasion, following(=and follow) the selected course of action.

> 번역) 사람들은 반드시 해당 상황에 적합한 특정한 전략을 선택해야 하고 (동시에) 선택된 행동방식을 따라야 한다.

14 The course starts with an indoor lesson, followed(=and is followed) by a walk through fields.

> 번역) 이 과정은 실내 수업으로 시작합니다. 그리고 현장을 둘러보는 것으로 이어집니다.

* followed by : '그러고 나서', '잇달아'로 번역하는 것도 가능하다.

15 The tsunami struck the country's northern region on Sunday, leaving(=and left) thousands of people homeless and causing serious damage to several towns.

> 번역) 쓰나미는 국가의 북쪽지방을 일요일에 강타했다. 그 결과 수천 명의 사람들이 집을 잃었으며, 몇몇의 마을에 심각한 피해를 끼쳤다.

16 Everyone is trying to accomplish something big, not realizing(=and doesn't realize) that life is made up of little things.

> 번역) 모든 이는 큰일을 이루려고 노력한다. 하지만 인생이 작은 것들로 이루어져 있다는 것을 깨닫지 못한다.

Let's Drill!

다음 문장을 다양한 방식으로 번역하시오.

17 Tigers and Lions eat the blood, hearts, livers and brains of the animals they kill, often leaving the muscle meat for eagles.

어휘 leave 남기다 / liver 간

18 Alfred Chandler's book The Visible Hand has been internationally recognized, awarded the Pulitzer Prize for History and the Bancroft Prize.

어휘 award (상을) 수여하다 / recognize 인정하다

19 Scientists are now experimenting with so-called anti-aging substances, trying to give people the benefits of a longer life.

어휘 so-called 소위, 이른바 / substance 물질 / anti-aging 노화방지의

20 His father was an award-winning British poet, working as a literary translator.

어휘 literary 문학의 / poet 시인

Let's Copy!

번역문과 원문을 비교해가며 저자의 번역의도를 파악하시오.

17 Tigers and Lions eat the blood, hearts, livers and brains of the animals they kill, **often leaving(=and often leave)** the muscle meat for eagles.

> **번역** 호랑이와 사자는 그들이 죽인 동물의 피, 심장, 간, 그리고 뇌를 먹는다. **그리고 종종 살코기는 독수리를 위해 남겨준다.**

18 Alfred Chandler's book The Visible Hand has been internationally recognized, **awarded(=and has been awarded)** the Pulitzer Prize for History and the Bancroft Prize.

> **번역** 알프레드 챈들러의 저서 <보이지 않는 손>은 국제적으로 인정받아왔고, **풀리처 역사상과 뱅 크로프트 상을 받았다.**

19 Scientists are now experimenting with so-called anti-aging substances, **trying(=and try)** to give people the benefits of a longer life.

> **번역** 과학자들은 지금 이른바 노화 방지 물질을 연구하고 **있고 사람들에게 장수의 혜택을 누리게 하려 하고 있다.**

20 His father was an award-winning British poet, **working(=and worked)** as a literary translator.

> **번역** 그의 아버지는 수상경력이 있는 영국 시인**이며 문학 번역가로 활동했다.**

Let's Drill!

다음 문장을 다양한 방식으로 번역하시오.

21 Gainsborough set up a business hoping to make a living selling landscapes, but the venture failed.

> **어휘** set up ~을 (새로) 시작하다, 설립하다 / landscape 풍경 / venture 벤처(사업), 모험적 사업, 모험적 시도

22 Nowaday, globalization is affecting people's lives in all countries, altering not simply global systems but everyday life.

> **어휘** globalization 세계화 / affect 영향을 미치다 / alter 바꾸다

23 You learn social skills by interacting with your peers, learning what's acceptable and what's not acceptable.

> **어휘** peer 동료 / acceptable 용인되는, 받아들일 수 있는

24   I went to Seoul to teach, expecting to delve into the unknown areas of education and Korean culture.

어휘   delve into ~을 철저하게 조사하다

25   Wilson mimics the seemingly unavoidable contamination of our environment and culture, provoking visitors to question their own daily practice.

어휘   mimic 모방하다, 흉내 내다 / unavoidable 불가피한, 어쩔 수 없는 / contamination 오염, 타락, 악영향 / provoke (특정반응을) 유발하다, 일으키다 / question 의문을 제기하다

번역문과 원문을 비교해가며 저자의 번역의도를 파악하시오.

21 Gainsborough set up a business **hoping(=and hoped)** to make a living selling landscapes, but the venture failed.

> **번역** 게인즈버러는 사업을 했는데 풍경화를 팔아 생계를 꾸리기 바랐다. 하지만 그 사업은 실패했다.

22 Nowaday, globalization is affecting people's lives in all countries, **altering(=and alters)** not simply global systems but everyday life.

> **번역** 요즈음 세계화는 모든 국가의 사람들의 삶에 영향을 미치고 있는데, 전 세계적 시스템들뿐만 아니라 일상생활까지도 변화시킨다.

23 You learn social skills by interacting with your peers, **learning(=and learn)** what's acceptable and what's not acceptable.

> **번역** 당신은 사회적 기술들을 동료들과의 상호작용을 통해 배운다. 그리고 무엇이 받아들여질 수 있고 무엇이 받아들여질 수 없는지 알게 된다.

24 I went to Seoul to teach, **expecting(=and expected)** to delve into the unknown areas of education and Korean culture.

> **번역** 나는 가르치려고 서울에 갔고, 교육과 한국문화라는 미지의 영역을 탐구할 수 있기를 기대했다.

25 Wilson mimics the seemingly unavoidable contamination of our environment and culture, **provoking(=and provokes)** visitors to question their own daily practice.

> **번역** 윌슨은 언뜻 보기에 피할 수 없을 것 같은 우리의 환경과 문화의 타락을

흉내 내는데, 이는 방문객들이 (그들 자신이) 일상적으로 하는 행동에 의문을 품게 한다.

저자소개

최승규
성균관대 번역학과 석사
前 성북메가스터디 영어과 강사
現 분당대치우리학원 영어과 강사
학부생 시절, 영문학 전공을 살려 뭐라도 해보자는 생각으로 강의를 시작했지만 학생들이 좋아 수원을 시작으로, 목동, 성북, 분당지역에서 강의를 이어나가고 있음

김정수
성균관대 영어영문학과 학사
現 목동하이씨앤씨 영어과 강사
13년 동안 이투스 247, 분당, 운정, 일산, 목동지역에서 고등학생과 재수생들을 대상으로 영어를 가르치고 있음

3차원 구문 — 영어문장을 번역하는 다양한 시각

초판발행   2019년 11월 5일

지은이   최승규·김정수
펴낸이   안종만·안상준

편 집   전채린
기획/마케팅   이영조
표지디자인   박현정
제 작   우인도·고철민

펴낸곳   (주) **박영사**
            서울특별시 종로구 새문안로3길 36, 1601
            등록 1959. 3. 11. 제300-1959-1호(倫)
전 화   02)733-6771
f a x   02)736-4818
e-mail   pys@pybook.co.kr
homepage   www.pybook.co.kr
I S B N   979-11-303-0855-5 13740

* 잘못된 책은 바꿔드립니다. 본서의 무단복제행위를 금합니다.
* 저자와 협의하여 인지첩부를 생략합니다.

정 가   17,000원